教育部书法教材推荐碑帖范本

全本对照——经典碑帖临写辅导

柳公权神策军碑

程峰 编著

上海书画出版社

图书在版编目(CIP)数据

柳公权神策军碑/程峰编著.——上海:上海书画出版社,
2016.8
(全本对照:经典碑帖临写辅导)
ISBN 978-7-5479-1255-3

Ⅰ.①柳… Ⅱ.①程… Ⅲ.①毛笔字－楷书－中小学－
法帖 Ⅳ.①G634.955.3

中国版本图书馆CIP数据核字(2016)第150528号

柳公权神策军碑
全本对照——经典碑帖临写辅导
程峰 编著

责任编辑	张恒烟 李剑锋
责任校对	倪 凡
封面设计	王 峥
技术编辑	包赛明

出版发行	上海世纪出版集团 上海书画出版社
地址	上海市延安西路593号 200050
网址	www.ewen.co www.shshuhua.com
E-mail	shcpph@163.com
制版	上海文高文化发展有限公司
印刷	上海画中画包装印刷有限公司
经销	各地新华书店
开本	889×1194 1/16
印张	6
版次	2016年8月第1版 2016年8月第1次印刷
书号	ISBN 978-7-5479-1255-3
定价	39.00元

若有印刷、装订质量问题,请与承印厂联系

目录 Contents

总纲

第一讲
基本笔画及变化——横竖撇捺　　01

第二讲
基本笔画及变化——折钩提点　　04

第三讲
部首——左旁与右旁　　07

第四讲
部首——字头与字底　　13

第五讲
结构——结构类型　　17

第六讲
结构——结体原则　　21

第七讲
集字创作　　27

总纲

书法是中国的国粹，是世界艺术的瑰宝之一，历来深受人们的喜爱。在中国古代，用毛笔书写以实用为主，经过一代代书法家们对美的追求和探索，薪火传承，不断创造，书写升华为一门博大精深的书法艺术。

书法的技法内容很多，其中最核心的内容当数"笔法"。初学"笔法"，主要要求掌握"执笔法"和"用笔法"。

一、执笔法

在实践中被人们广泛接受的执笔方法，是由沈尹默先生诠释的"执笔五字法"。即用"擫"、"押"、"勾"、"格"、"抵"五个字来说明五个手指在执笔中的作用。（见图）

擫：是指大拇指由内向外顶住笔杆，就像吹箫时按住后面的箫孔一样。

押：是指食指由外向内贴住笔杆，和拇指相配合，基本固定住笔杆。

勾：是指中指由外向内勾住笔杆，加强食指的力量。

格：是指无名指爪肉处从右下向左上顶住笔杆。

抵：是指小指紧贴无名指，以增加无名指的力量。

如上所述，五个手指各司其职，将圆柱体的笔杆牢牢地控制在手中，各个手指的力从四面八方汇向圆心，执笔自然坚实稳定，便于挥运。

执笔的要领是指实掌虚，腕平掌竖。这里特别要提醒的是，随着书写姿式（如坐姿和立姿）的变化，手腕的角度和大拇指的角度应该作相应的调整。

二、用笔法

用笔，又叫运笔，是"笔法"中最为重要的核心内容，它直接影响到书写的质量。

（一）中锋、侧锋、偏锋

一般来说，在书写中笔尖的位置有三种状态，即"中锋"、"侧锋"、"偏锋"。

"中锋"：主锋的方向和运动的方向相反，呈180度，令笔心在笔画的中线上行走，而笔身要保持挺立之状。

"侧锋"：起笔时逆势切入，运笔时笔毫斜铺，笔尖方向和运动方向处于90度到180度之间，呈夹角，而收笔结束时回复到中锋状态。

"偏锋"：笔尖的方向和运动的方向成直角（90度）。

用中锋和侧锋写出的线条具有立体感和感染力。用偏锋写出的线条扁平浮薄、墨不入纸，是病态的，应该绝对摒弃。古人总结出用笔的规律，提倡"中侧并用"，就是这个道理。

（二）起笔、运笔和收笔

每一个点画都包含起、运、收三部分。所以掌握正确的起笔、运笔、收笔方法十分重要。

1.起笔

起笔又叫发笔、下笔，它的基本形状无非方、圆、藏、露四种。起笔的基本方法有三种，即"尖头起笔"、"方头起笔"、"圆头起笔"。

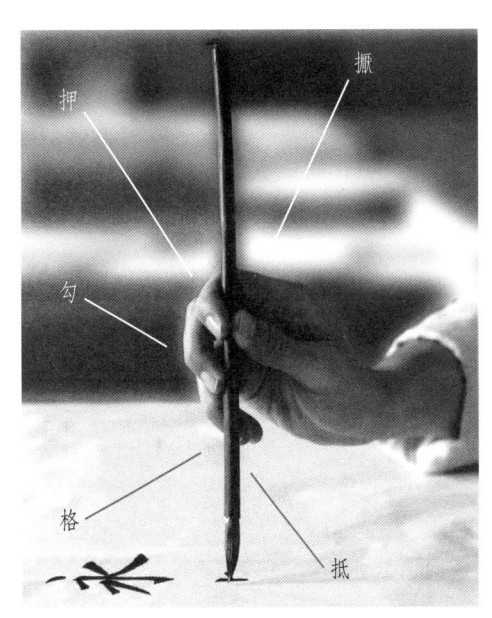

执笔示意

尖头起笔（露锋）

方头起笔（露锋、藏锋皆可）

圆头起笔（藏锋）

2. 运笔

运笔部分即笔画的中截，又称"中间走笔"。

运笔的第一个要求是始终保持中锋或侧锋。要做到这点就离不开调锋。调锋的目的，就是使笔尖调整到中锋或侧锋的位置。

调锋的手段有三种：

一是提按动作，通过上下垂直的运动使笔尖达到理想的位置。

二是衄挫动作，通过平面的挫动，使笔尖达到理想的位置。

三是兜圈动作，通过顺时针或逆时针方向的转动，使笔尖达到理想的位置。

运笔的第二个要求是涩行。笔锋和纸面相抵产生一种相争、对抗，即在运笔的过程中要有摩擦力，古人生动地比喻为"逆水行舟"和"中流荡桨"，这样写出的笔画才浑厚凝重。切忌平拖滑行。

3. 收笔

笔画结束，一定要回锋收笔，如遇出锋的笔画，如钩、撇、捺等，也要有收的意识，即"空收"。古人说"无垂不缩，无往不收"，言简意赅地阐明了收笔的重要性。收笔回锋有两个作用：一是使笔尖由弯曲还原成直立，使点画起讫分明；二是不论藏锋还是露锋，收笔必须过渡到下一笔画的起笔。

第一讲
基本笔画及变化——横竖撇捺

横、竖、撇、捺、点、钩、折、挑八个基本点画是构成汉字的重要元素。

一、横

"永字八法"中称"横"为"勒",如勒马用缰。卫夫人《笔阵图》曰:"横如千里阵云。"

《神策军碑》横画的起笔方笔居多,方中有圆;运笔做到中锋直行、圆润劲挺;收笔要到位而不夸张、不突兀。《神策军碑》中横画最常见变化有:凹短横、平短横、平长横、覆长横、左尖横等。

基本写法

起笔:逆锋起笔、向下作顿;
运笔:调整中锋、往右横出;
收笔:提笔上昂、下顿回收。

小提示

❶ 楷书横画不是水平的,略有左低右高之势;
❷ 横画要注意长短、粗细、弯度、斜度等方面变化,临写时要注意观察。

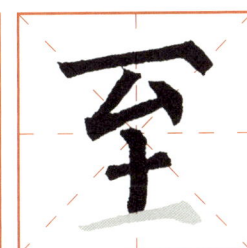

二、竖

"永字八法"中称"竖"为"弩"。卫夫人《笔阵图》曰:"竖如万岁枯藤。"

《神策军碑》的竖画讲求直与曲的变化,做到寓曲于直,如力士之挺举千斤之物,凸胸含腰,有曲线之美。《神策军碑》中竖画最常见的有:垂露竖、悬针竖、短中竖、左弧竖、右弧竖等。

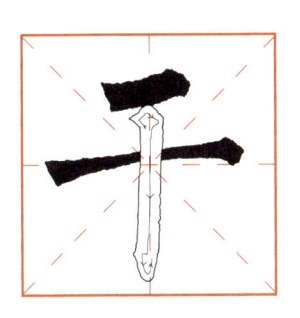

基本写法

起笔:逆锋起笔、右下作顿;
运笔:调整中锋、往下作竖;
收笔:提笔上回、下顿收笔;(垂露)
收笔:渐提渐收、力送笔尖。(悬针)

小提示

❶ 竖画多直中见曲,以显示弹性与力度;
❷ 两个竖画组合可以相向或相背,三个竖画以上者,中间多为垂露竖,左右则可相向或相背;
❸ 垂露竖收笔圆劲饱满,但要自然;悬针竖收笔尖而有力,空中回收,避免虚尖。

01

三、撇

"永字八法"中称"短撇"为"啄",长撇为"掠"。卫夫人《笔阵图》曰:"撇如陆断犀象。"

《神策军碑》的撇画书写时应爽快干脆,出锋切忌虚尖。长撇要婉转舒畅,遒劲有力;短撇力聚锋尖,尖锐饱满。《神策军碑》的撇常见的有:短撇、平撇、长撇、竖撇、回锋撇等。

基本写法

起笔:逆锋起笔、右下作顿;
运笔:调整中锋、左下力行;
收笔:渐提渐收、力送笔尖。

小提示

❶ 撇在字中有时充当主笔作支撑作用;
❷ 撇在于长短、粗细、方向、起收笔等方面变化;
❸ 单字中若遇多个撇画,须有参差变化,避免雷同。

共 重 用 布 成

四、捺

"永字八法"中称"捺"为"磔"。卫夫人《笔阵图》曰:"捺如崩浪雷奔。"

《神策军碑》的捺画书写时,逆锋起笔,调锋后再朝右下行笔,渐行渐粗,笔毫逐步铺开,至捺角处驻锋顿笔,捺出时挫动笔锋,边走边调,边调边提,调整中锋后迅速出锋,并作空收。《神策军碑》的捺常见的有:斜捺、侧捺、平捺等。

基本写法

起笔:逆锋起笔、左下作顿;
运笔:转笔缓行、由细渐粗;
收笔:下顿右捺、渐提渐收。

小提示

❶ 捺往往是一字中的主笔,要写得较粗壮、饱满、有力,一波而三折;
❷ 斜捺往往与左撇配合呼应,平捺称之为"横波",如水波之起伏;
❸ 凡一字有两捺者,通常其中一个用长点处理。

夯 昱 丞 大 之

五、拓展：至情　有信　书道　清泉

临习要点

　　左边的四组两字词，供临摹与创作。

　　临习时，我们要注意灵活应用所学到的知识。如这些字中有许多横，哪些是短横、长横？"至情"、"有信"、"书道"、"清泉"八个字都有长横，有哪些变化？"道"字的长横为什么不是最舒展尽势？又如竖的位置在字的左、中、右，是否有变化规律可循？"泉"字是怎样做到撇捺协调、左右对称呼应的？

创作提示

　　尝试创作时，要将两个字的关系处理好。如"至情"两字要写得横平竖直，同时避免呆板；"清泉"两字要注意大小协调，作品整体稳健、有气势。

幅式参考

扇面

条幅

第二讲
基本笔画及变化——折钩提点

一、折

"永字八法"中无折法，但实际习用甚繁并极其重要。卫夫人《笔阵图》曰："折如劲弩筋节。"

初学《神策军碑》的折法，可先以横折为例，用笔要纵横相联，吻合紧密，转角自然。《神策军碑》的横折常见的有：高横折、扁横折。其他折有：竖折、撇折等。

基本写法

起笔：逆锋起笔、往下作顿；
运笔：调整中锋、往右横出；
转折：提笔上昂、右下作顿；
运笔：调整中锋、往下作竖；
收笔：提笔上昂、下顿收笔。

小提示

❶ 《神策军碑》的横折，折处以方为主，方中略带圆；

❷ 高横折的折画须直，扁横折的折画往里斜，相应的左竖与之呼应。

二、钩

"永字八法"中称"钩"为"趯"。卫夫人《笔阵图》曰："钩如百钧弩发。"

《神策军碑》的钩，书写时充分利用笔毫斜铺，蹲锋得势而出，要力聚锋尖、尖锐饱满，切忌虚尖，力量、速度要恰到好处。《神策军碑》的钩常见的有：竖钩、弯钩、横钩、竖弯钩、卧钩等。

基本写法

起笔：逆锋起笔、右下作顿；
运笔：调整中锋、往下作竖；
转折：提笔作围、转锋作钩；
收笔：速提速收、力送笔尖。

小提示

❶ 钩末出锋要尖锐，不能虚尖；

❷ 钩的角度、长短、弧度、出钩方向等，都要根据字的不同结构要求和笔势而定。

三、提

"永字八法"中称"提"为"策"。李世民《笔法诀》曰:"策须仰策而收。"

《神策军碑》的提,起笔同横画,调锋后右仰上提,借势发力,出锋时于空中作收势,力聚锋尖,尖锐劲利。《神策军碑》的提常见的有:平提、斜提、长提、点带提等。

基本写法

起笔:逆锋起笔、右下作顿;
运笔:调整中锋、右上行笔;
收笔:渐提渐收、力送笔尖。

小提示

❶ 提的写法同右尖横,收笔有的较为含蓄,有的尖锐劲利,避免虚尖;

❷ 提常与下一笔意连,有呼应之势。

四、点

"永字八法"中称"点"为"侧",卫夫人《笔阵图》曰:"点如高峰坠石。"

《神策军碑》的点,下笔时当顺势落笔,露锋处要尖锐饱满、干净利落,收笔时要藏锋饱满。《神策军碑》的点常见的有:方点、圆点、竖点、左点等。

基本写法

起笔:侧锋峻落;
运笔:顿笔小旋;
收笔:势足收锋。

小提示

❶ 点虽小,但变化最多,一切变化都须服从于字的结构和势的需要;

❷ 点单独用较少,组合应用非常丰富,如相向点、相对点、顺向点、横三点、横四点、合三点、聚四点等等。

五、拓展：明理　好学　公正　幽思

明　理
好　學
公　正
幽　思

临习要点

"折"要自然，方中寓圆，如"明理"两字；"钩"要尖锐饱满，力送笔尖，如："好学"两字；"点"要写得灵动多姿，并注意相互之间的配合、呼应，如"公"、"思"等字。

创作提示

楷书作品的书写要做到"三好"，即点画好、结构好、章法好。点画好是基础，所以要狠下苦功，苦练用笔，才能写时做到笔笔到位，写出《神策军碑》道劲挺拔的特点。

幅式参考

為人明理　做事用心
乙未程峯书

条幅

第三讲
部首——左旁与右旁

部首形态各异，是构成汉字合体字的重要部件。练好部首是掌握间架结构的基础。

一、单人旁与双人旁

单人旁与双人旁都是由短撇和竖画所组成的，作为左旁所占的位置较为窄小，安排上以"左紧右松"为主，起到避让右边部件的作用，同时下竖的"长短"、"曲直"要根据具体情况有所变化。

单人旁：撇竖组合姿态多，长短根据字需要。
双人旁：两撇起笔一直线，长短斜度有变化。

二、竖心旁与提手旁

竖心旁的笔顺为"左点、右点、竖"，左右点之间要有变化、讲求呼应，竖要稍长，直中见曲势；

提手旁竖钩的竖笔稍长，略带弧势，弧势根据字的需要，竖笔不能竖在"横画"、"挑画"的中间，应偏右，使得提手旁有让右之势，钩笔有藏有露，体现变化。

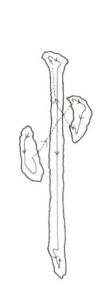

竖心旁：左点右点加长竖，两点呼应且变化。
提手旁：短横厚重竖挺拔，钩提有力不虚浮。

三、言字旁与口字旁

言字旁的首点写成"侧点",侧点偏右,首横稍长,左伸右缩,横向笔画分布均匀;

口字旁的左竖与右折都向内斜,左竖向下伸出。口部形状"上宽下窄",整体位置偏上,并与右边部件相互穿插。

言字旁:右侧齐平重心稳,粗细变化间隔匀。
口字旁:上宽下窄左脚出,与右穿插位置高。

四、三点水与木字旁

三点水要写出三点不同的姿态,有承接呼应之势,呈散射弧形排列,提点注意角度,要与右部首笔的起笔笔意相连;

木字旁,书写时不能将"横竖撇点"四笔交于一点,横画不宜写得太短,要左伸右缩,以体现让右关系。

三点水:三点笔姿各不同,提点应与后笔连。
木字旁:撇交竖画露小角,斜点忌写交叉处。

五、示字旁与衣字旁

示字旁的点在整个示字旁稍偏右，横撇的角度宜适中，竖画长短根据字的结构的需要；
衣字旁的横画起笔略左伸，且粗稍重，撇画稍长，竖和首点要对齐。

示字旁：折撇不要弧太大，末点须藏腰眼里。
衣字旁：横画伸左撇要长，竖与首点相对齐。

祖 禮 被 初 袵

六、绞丝旁与提土旁

绞丝旁的两组撇折要注意变化，三点稍散开，朝右上方均匀排列，并控制好重心；
提土旁的底横化"横"为"挑"，要表现出与右部的穿插避让关系，"挑"还要与右部第一笔形成笔势连贯。

绞丝旁：二折各自有特点，空挡均匀形摆稳。
提土旁：土字下横变挑笔，挑与下笔意相连。

絽 練 壇 地 域

七、金字旁与左耳旁

　　金字旁的撇画较舒展、捺画变点，注意让右关系，末笔横画起笔向左伸；
　　左耳旁的"左耳"不宜写太大，位置偏上，以让出空间给右边的笔画进行穿插。

金字旁：撇首竖画对中心，字头盖住下部件。
左耳旁：左耳不宜写太大，让出右边笔画行。

八、女字旁、立字旁和禾木旁

　　女字旁的横画变"提"，撇、点的交叉处与起笔位于同一直线上；
　　立字旁的首点偏右，中间相对点相互呼应，两横注意斜度、粗细的变化；
　　禾木旁的首撇写成平撇，下面的写法同"木字旁"，竖画可有钩出。

女字旁：两撇距离控制好，长横写成右尖横。
立字旁：相对两点求呼应，两横让右且变化。
禾木旁：短撇应该写得平，让右关系把握好。

九、立刀旁与右耳旁

　　立刀旁的短竖位置在竖钩位置中间偏高，两竖注意保持好距离；

　　右耳旁的笔画"横折弯钩"宜一气呵成，"右耳"须略大、"耳垂"略拉长些，以求整个字的平衡协调。

立刀旁：小竖位置略偏高，结构紧凑不松散。

右耳旁：右耳写得应略大，以求平衡和协调。

列

刑　判　邳　郊　邮

十、反文旁与力字旁

　　反文旁的短撇较直，长撇写成竖撇，较弯，长撇与捺画呼应协调，且轻撇重捺、撇收捺放；

　　力字旁的斜折方向与撇趋近于平行，形成的空间微呈上窄下宽，钩角起到支撑重心的作用。

反文旁：短撇短横配合好，反文中紧撇捺开。

力字旁：长撇折钩趋平行，底角位置横中间。

故

政　敬　勤　助　動

十一、拓展：业广惟勤　温故知新

温故知新

业广惟勤

临习要点

　　左右结构的字，要讲求相互之间的穿插与避让。如"温"、"故"、"知"、"新"、"惟"、"勤"等字，使得左右部件之间的结构更为严谨，整体更为协调、统一。

创作提示

　　下图作品"业广惟勤"是一幅四字条幅作品，章法上，字间距离要等同，宁疏勿密，每个字都应当居中对齐，不能忽左忽右。落款要在左侧恰当的位置，一般落单行长款即可。

幅式参考

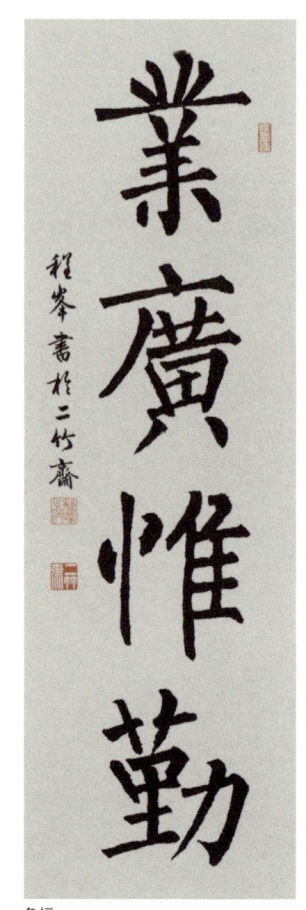

条幅

第四讲
部首——字头与字底

一、草字头与竹字头

字头往往要求中心对齐，重心平稳，与下面部件有覆盖、承接等关系，使上下融为一体。草字头的两个"十"相互对称呼应，且有变化；竹字头的两个"个"同样形态有变化，左右有相互对称、相互呼应之感。

草字头：两个十字不一样，虚实得当有呼应。
竹字头：两个个字形各异，下边两点有变化。

苦　茅　莊　符　簡　策

二、人字头与文字头

人字头撇捺的夹角大小适中，撇尾略低于捺脚，呈两面包围之势，要有包容、稳定之感；
文字头的点画写得圆润饱满，写在长横的中间，长横的长短、粗细、斜度等的变化根据字的需要。

人字头：撇低捺高成三角，斜度相当较舒展。
文字头：点在横中须平衡，横长斜度视字形。

命　今　全　京　亦　享

三、穴字头与宝盖

穴字头的三个点画变化丰富，内部撇与点（"点"多为"竖弯折"），呈相背之势，整体左右对称呼应；
宝盖的首点一般写成竖点，往往位于整个宝盖的中间，左竖点、横钩舒展呈覆盖之势。

穴字头：啄撇竖弯相协调，收笔处于一横线。
宝盖：首点居中左竖点，横钩拉长覆盖势。

窮 容 宫 宗 室

四、四点底与心字底

四点底的四个点形态各异，相互呼应，若沿外框圈起来，整体形状就像一横；
心字底的卧钩与点画之间要做到笔势连贯、分布匀称，卧钩的弧度要把握好。

四点底：形断意连互呼应，把握整体求和谐。
心字底：点钩之间求匀称，卧钩弧度须适中。

魚 照 业 忘 思

五、木字底与巾字底

　　木字底的撇与捺画变为两点，横画细长，斜势明显，承载上部；
　　巾字底要较巾字旁的形态稍宽，左竖、中竖、右折间隔匀称，中竖写成悬针竖，要写得劲挺。

木字底：木字横长撇捺缩，托住上面各部件。
巾字底：纵向三画间隔匀，中竖写成悬针竖。

果　樂　帛　帝　帶

六、走之儿与丝字底

　　走之儿的横折折撇微有斜势，以让右边部件，平捺饱满有力，有承载之势，整个走之儿的笔画书写宜一气呵成；
　　丝字底的两组撇折要有变化，左右两点稍分开，并调整好整个字的重心。

走之儿：横折折撇取斜势，平捺一波又三折。
丝字底：两折姿态有变化，形体狭长两点开。

道　通　素　累　縈

七、拓展：其乐无穷　勤学苦练

勤　其
苦　無
學　樂
練　窮

临习要点

　　柳字重心稳定却不失灵动，要注意字头、字底与其他部件之间的关系，如，"乐"、"无"、"穷"、"学"、"苦"等字，上下部件相互配合，宽窄变化有致，且重心稳定。

创作提示

　　张长史旭曰"密谓际"。所谓"际"指笔画衔接交际处既要分得清，又要合得浑；既脱得开，又粘得住。如下面作品中带"口"部的左竖与横折起笔的衔接，带"口"内部笔画与"框"的衔接等。此方法在临习与创作时要加以留心。

幅式参考

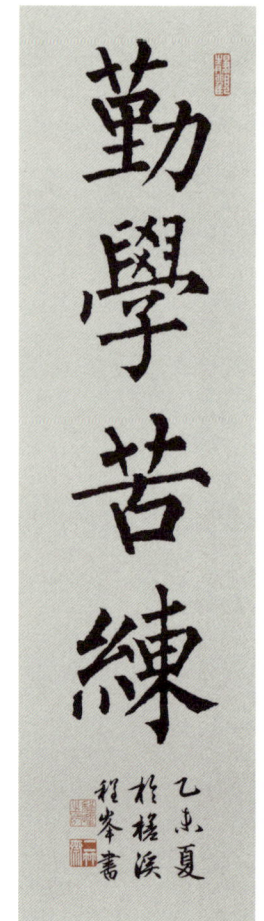

条幅

第五讲
结构——结构类型

结构类型主要是指独体字和合体字，合体字有上下结构、左右结构、包围结构等。

一、左右结构

是由左右两个部件组成，它们之间的大小、长短、宽窄、高低等关系有机地组合在一起，使整体方整亭匀、主次分明、疏密得当。

"伦"：左窄右宽；
"喧"：左窄右宽，左短右长，左部升高；
"秩"：左窄右略宽，左长右短，右部略升高；
"劝"：左部略宽于右部，左长右短，底部趋平；
"配"：左右宽窄相当，左长右短；
"郎"：左宽右略窄，左短右长、左高右低。

二、上下结构

是由上下两个部件组成，它们之间的大小、长短、宽窄等关系有机地组合在一起，使上下参差有度、疏密得当、浑然一体。

"息"：下部载起上部，上窄下宽，互有错落；
"华"：上长下短，上窄下宽，布白均匀；
"家"：上扁下长，宽窄相当，重心稳定；
"泰"：上宽下窄，上部覆盖下部；
"皇"：上窄下略宽，间隔匀称；
"惠"：上窄下略宽，相互穿插错落，重心平稳。

17

三、包围结构

包围结构的字，可分为半包围、三面包围、全包围结构等，半包围者所包部分要求重心平稳，三面包围、全包围结构的字不宜写得太大，要考虑高低、宽窄、斜正关系，使内外相称，避免方正呆板。

"度"：两面包围，左上包右下；
"问"：三面包围，上包下；
"区"：三面包围，左包右；
"图"：四面包围，大口框注意笔画之间的断与连；
"武"：两面包围，右上包左下；
"还"：两面包围，左下包右上。

四、左中右结构与上中下结构

是由上中下或者左中右三个部件组成，它们之间的高低、宽窄、长短等关系有机地组合在一起，使字的整体和谐。

"卫"：左中右宽窄相当，左中高，右部低；
"修"：左中窄，右部宽，左中短，右部长；
"激"：左部窄，中右宽，左中右之间相互穿插避让；
"汇"：上部窄，中下宽，中下部互有错落；
"莫"：上中下长短相当，上中窄，下部宽；
"宝"：上部扁宽，中部略窄，下部瘦长。

五、独体字

重心稳定、横平竖直、撇细捺粗、主笔突出、点画呼应等都是独体字的构形原则，同时柳体所要求的点画线条整齐平正、斩钉截铁，书写干脆利落等特点也能在独体字中充分反映出来。

"夫"：长横不宜写得太长，以突出撇捺的舒展；
"正"：三个横画之间与两个竖画之间布白均匀；
"中"：中间悬针竖主笔突出；
"舟"：左竖与右折直中见曲，左右协调，字形瘦长；
"已"：字形较小，但小中见大、宽绰丰满；
"心"：斜中取正，重心稳定。

六、综合结构

错综结构的字，是由三个以上相对独立的构字单位组成的字。这类字笔划繁多，结构复杂，书写时要做好穿插、呼应、退让，要把错综复杂的结构关系处理得井然有序，合理巧妙。

"苏"：草字头较扁，下部左短右长、宽度相当；
"勋"：上部左右紧凑，四点底扁宽；
"翰"：整体左窄右宽，右部人字头舒展，呈天覆之势；
"庭"：整体半包围，里面半包围；
"嘉"：上下四个部件叠加，底下部件左右结构；
"讴"：整体左右结构，右部三面包围结构、左包右。

七、拓展：仁者寿　学问勤中得

临习要点

"仁"字左右结构，左长右短、左窄右宽，"者"、"寿"等字注意布白均匀；"学"字综合结构，注意各部件的相互配合，做到整体协调、"问"字包围结构，三面包围、上包下；"中"字为独体字，中间悬针竖主笔突出；"勤"、"得"两字左右结构，注意左右部件之间的穿插避让。

创作提示

五字作品的创作也可写成两行，落款可稍长一些，钤印的位置要低于第二行最后一个字，但一定要高于第一行最后一个字。作品中"得"字下面的留白显得较为自然，有空灵之感。

幅式参考

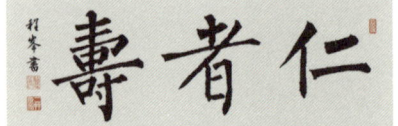

横幅

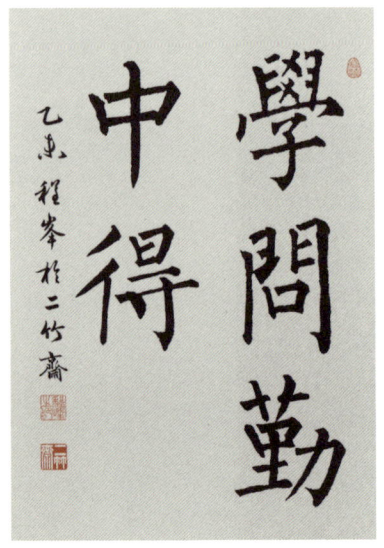

中堂

第六讲
结构——结体原则

结体原则是指汉字作为书法造型艺术的一些基本构形原则，《神策军碑》中的一些结体规律如"重心稳定"、"分布均匀"、"收放有致"、"穿插避让"等。

一、重心稳定

重心是指字的支撑力点，是平稳的关键。字形中正者，重心明显，或竖画居中，或左右对称；字形偏倚不对称者，要求偏中求正，多以斜笔、弯笔、折笔等作支撑，以达到字的整体平稳。

"来"：竖钩居中，左右对称；
"幸"：短中竖、悬针竖对准；
"雪"：雨字头的中竖与下部的中间对准；
"夏"：首横的中间、短撇的起笔、撇捺交叉点在中间；
"安"：撇点与横钩、右撇交叉点对准，重心斜中取正；
"遵"：底部平捺托住上部，使整字重心稳定。

二、分布均匀

对字进行相对等比例的空间分割，以使点画和留空都间距相等，达到整体均衡的视觉效果。可以从点画的排列上找到规律，一般横、竖笔画间的有序排列比较明显，也有综合性的均衡安排。

"甫"：横向纵向笔画间隔匀称；
"臣"：横向笔画间隔匀称；
"而"：纵向笔画间隔匀称；
"易"：斜向笔画间隔匀称；
"寒"：横向笔画间隔匀称；
"义"：横向笔画间隔匀称。

三、收放有致

指一字中某些点画安排特别紧密，留空少，而相对另外一些点画特别开张疏朗，留空也多，此二者形成明显的对比，增强了字的结构张力和艺术感。

"充"：上部宜收，撇与竖弯钩宜放；
"华"：倒数第二横宜放，其他横宜收；
"恭"：草字头宜略收，撇捺宜放；
"依"：左部单人旁宜窄，右部宜舒展；
"光"：长横宜放，撇与竖弯钩宜放；
"使"：左部单人旁宜窄，"吏"部宜舒展。

四、穿插避让

字画交错的字，要注意字的各元素、笔画之间的穿宽插虚与相互避让，才能使字的整体浑然一体，相得益彰。

"沐"：长撇穿插到三点水的下方；
"组"：长横穿插到绞丝旁的下方；
"燎"：右部长撇穿插到火字旁中间空档处；
"奉"：中竖的起笔穿插到春字头的空档处；
"谒"：右部短撇穿插到言字旁的空档处；
"袋"：上下部件之间相互穿插避让。

五、重复变化

　　同一个字中两个或两个以上笔画或部件相同，可进行大小、轻重、主次等方面的变化，以避免形态结构雷同和呆板。

"辨"：两个"辛"部左大右小，笔画形态各有变化；
"食"：两个反捺的角度、长短、起收笔有变化；
"品"：三个"口"部连续有变化；
"继"：五个"幺"部变化呼应；
"兢"：两个"克"部变化呼应；
"森"：三个"木"部，变化、穿插、避让、呼应。

六、外形多样

　　如果将《神策军碑》中字的外轮廓兜围起来，可发现其外形非常丰富，可用几何图形直观概括。临写时应充分体现出这些外形上的特征与差异，使字更为自然生动。

"示"：整体字形呈圆形；
"夫"：整体字形呈三角形；
"发"：整体字形呈正六边形；
"辔"：整体字形呈菱形；
"五"：整体字形呈梯形；
"丕"：整体字形呈正方形。

七、同字异形

两个相同的字在笔画粗细或结构形式上有所变化，使重复字避免雷同单调之感。同字异写不能随便而为，应取古代已确立的写法，做到"无一字无来历"。

臣	法	泽
臣	法	澤
臣	法	澤

其	圣	欣
其	聖	欣
其	聖	欣

德	历	祗
德	歷	祗
德	歷	祗

群	于	灾
群	於	災
群	於	災

八、拓展：无尽藏　家和万事兴

和　無
萬　盡
事　藏
興　家

临习要点

　　"无、尽"等字注意横向纵向笔画之间的间隔匀称，其中"无"字的四竖、四点要连续变化、呼应、连贯；"藏"字注意上下部件之间的穿插与避让；"家"字的宝盖与"豖"部注意收放关系；"万事兴"三字注意重心稳定。

创作提示

　　作品"家和万事兴"，是一幅五言楷书打格书写作品，创作时需追求变化，讲求整体协调。如作品中就一个"和"字为左右结构，且左右部件长短对比度很大，要与作品整体和谐；"万事兴"连续三个字是上下结构，注意之间的字形变化，使作品整体显得灵动、和谐。

幅式参考

条幅

第七讲
集字创作

　　集字创作，是从原字帖中挑出一些单字，组成新的有意义的文词作为素材进行创作。要注意调整好字与字之间的笔势呼应、相互配合，使整体协调。

一、条幅与中堂

尺幅： 条幅的宽和高的比例通常为 1 ∶ 3 或 1 ∶ 4；中堂的宽和高的比例通常为 1 ∶ 2。

特点： 少字数的条幅作品，需表现出柳体遒劲丰润、气势雄伟的特点。"诚信"二字都是左右结构，要在力求表现匀称、端庄的气势的基础上，追求变化；"华夏雄风"四字作品，力求做到收放有致，遒劲中蕴含秀美。

款印： 落款稍靠紧正文，并处于正文的中间或偏上一点，起首的字可在正文的两个字的中间，也可在某一个字的中间位置，这样才能使作品的整体有错落有致的效果。

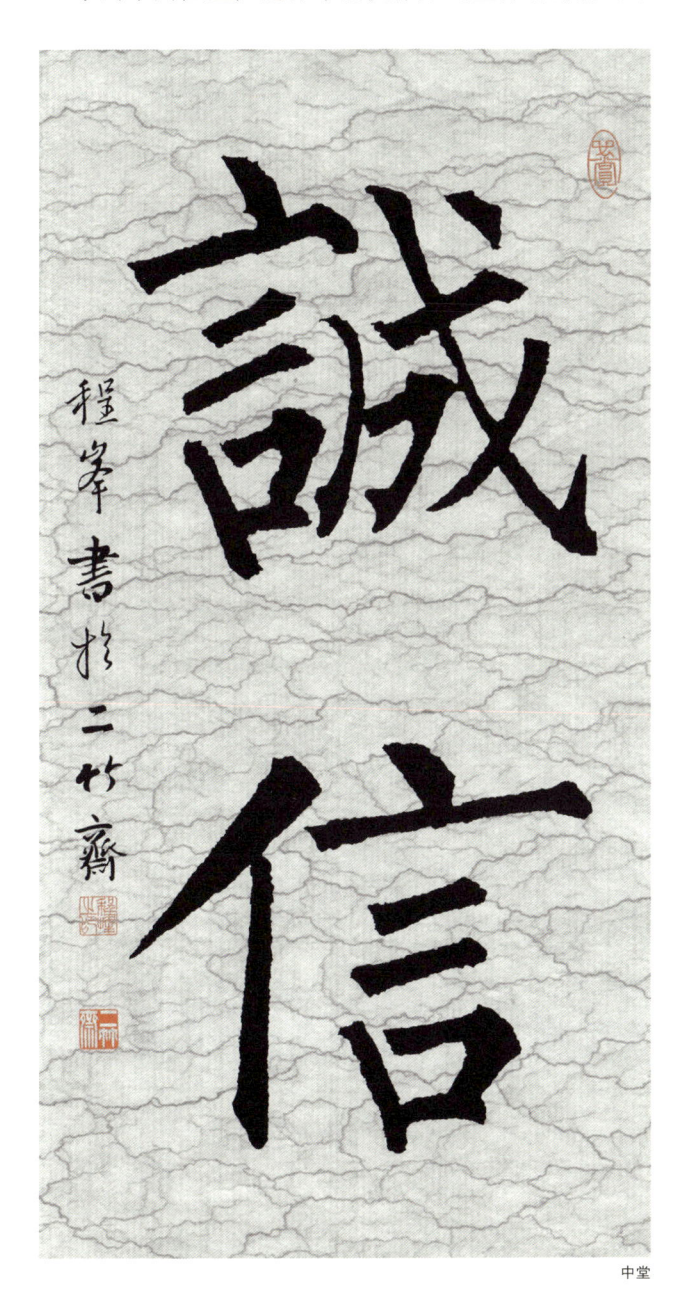

中堂　　　　　　　　　　条幅

二、横幅

尺幅： 把中堂或条幅的宣纸横放即可。

特点： 这幅作品的四个字繁简对比较大，书写时宜将字的中心对齐，以表现静中有动，稳中求胜，给人以一种平和端庄的感觉。

款印： 落款宜用穷款，作品的右上方可打一枚引首章，落款之后须打一枚姓名章或加一枚闲章。印章在书法作品中主要起点缀作用，所以一幅作品的印章也不能过多，一般是一至三方为宜。

横幅

三、斗方

尺幅： 宽和高的比例为1：1，可以是四尺宣纸横对开、三尺宣纸横对开、四尺宣纸开八。常见尺寸有 69×69（cm）、50×50（cm）、35×35（cm）等。

特点： 斗方这一形制比较难处理，它容易整齐严肃有余，而生动活泼不足，用唐楷来书写更是如此。所以要在字的大小、粗细、长短等方面加以变化处理，使整幅作品静中见动、生趣盎然。

款印： 落款不宜太短，才能使整幅作品显得更为稳健。

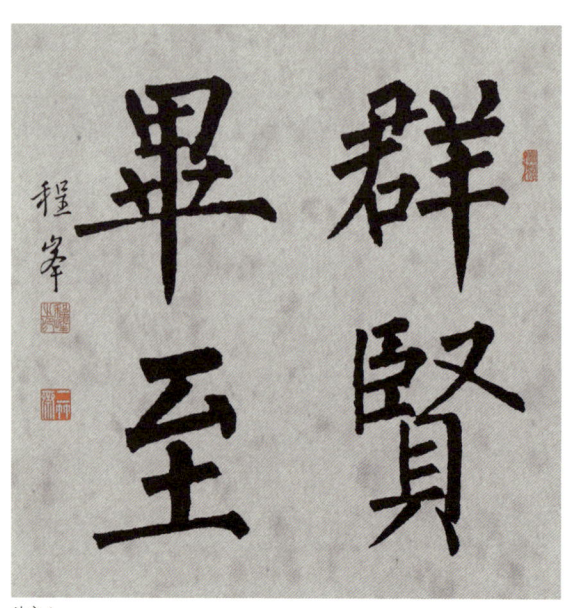

斗方1　　　　　　　　　　　　　　　　　斗方2

四、团扇

尺幅： 扇面有团扇、折扇之分。团扇作品，可将宣纸剪成圆形或将正方形剪成四角对称圆角即可。

特点： 团扇的形状是圆形的，书写的时候可以"因形制宜"，团扇楷书，需设计好每行字数及落款位置。

款印： 落款可用错落有致的双款，以稳定作品的重心，增加作品的变化。

团扇1　　　　　　　　　　　团扇2

五、折扇

尺幅： 扇面有团扇、折扇之分。这是一幅折扇。

特点： 折扇的书写需随字赋形。若写少字数作品，可充分利用扇面上端的宽度，下端不用，由右向左，横排书写二至四字。若书写字数较多的作品，可以采用一行字多，一行字少的方法，形成长短错落有致的画面。

款印： 落款须与正文配合好，使得整幅作品协调而富有变化。

折扇

六、对联

尺幅： 三尺或四尺宣纸直对开，或现成的瓦当对联宣纸。

特点： 因为上下联分别写在大小相同的两张纸上，又组成一个整体，因此书写时要上下联头尾对齐，字要写在纸的中心线上。一般情况下，字的上下、左右要对齐，可以通过加强字本身的大小、粗细变化来制造效果。

款印： 如落单款，可写在下联的左边，位置可上可下，视效果而定。如落上下款，则上款写在上联的右上方，下款写在下联的左方，要低于上款。

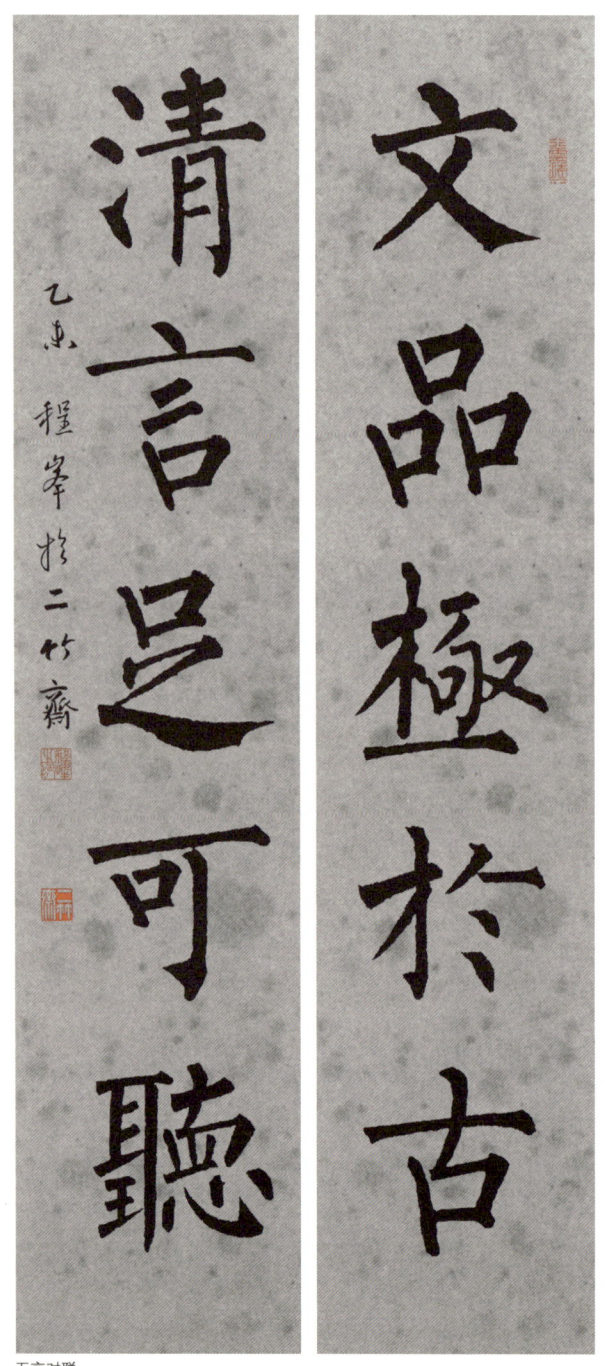

五言对联

七言对联

七、集字创作参考

富强民主文明和谐自由平等公正法治爱国敬业诚信友善
社會主義核心價值觀 二竹齋主程峯書

团扇

移舟泊煙渚日暮客愁新野曠天低樹江清月近人
孟浩然詩宿建德江 乙未程峯於二竹齋

斗方

天街小雨潤如酥 草色遙看近卻無 最是一年春好處 絕勝煙柳滿皇都

韓愈早春呈水部張十八員外 乙未夏日程峯書於二竹齋

煙景入疏簾圖畫帶潤 波光縈曲岸水木餘清

乙未程峯書於二竹齋

勤為無價寶　丙申程峯書於二竹齋

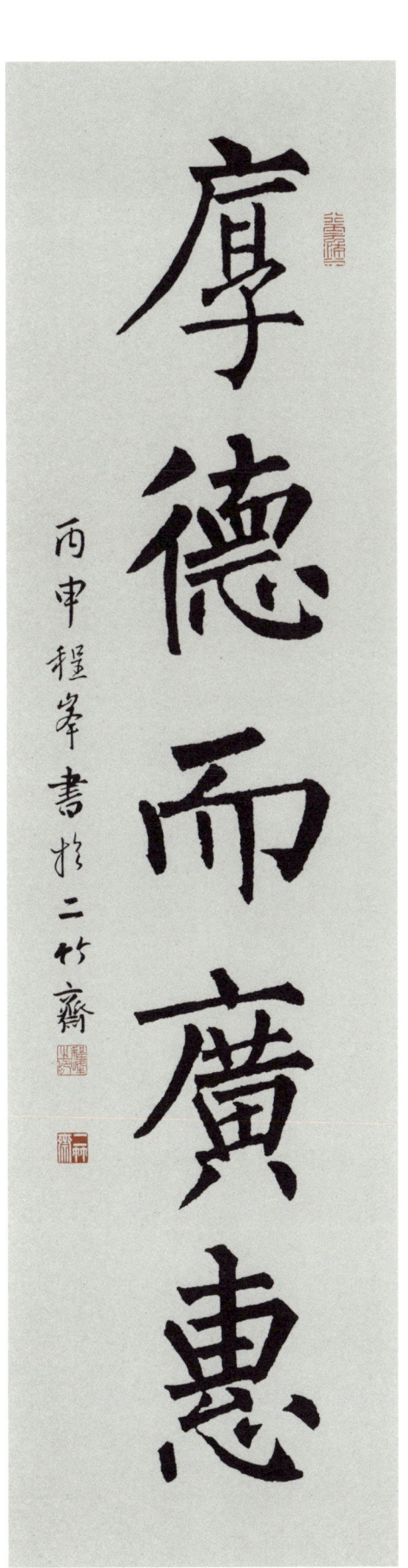

厚德而廣惠　丙申程峯書於二竹齋

激之丹恳愿 释左衽来朝 上京嘉其诚

之理识□□ 之□□□□ 于鸿私沥感

呜没斯者天　识忠贞生知　仁义达逆顺

困穷示恩礼 以全其邻好 果有大特勤

慰喻之使申 抚纳之情颁 粟帛以恤其

其忘亡存乎　兴灭乃与丞　相密议继遣

穹庐故□亦 □芳□□□ 之人必在使

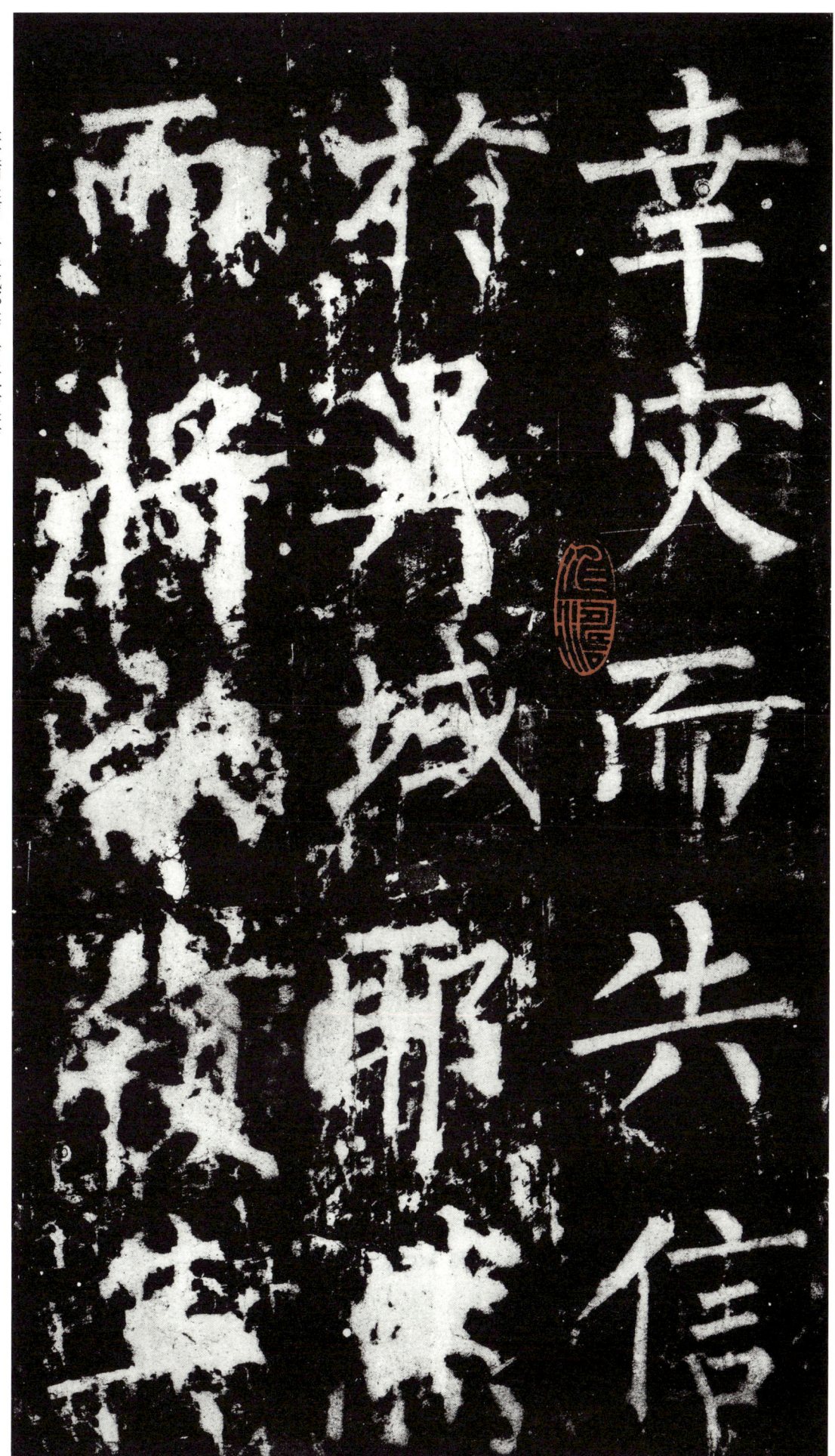

幸灾而失信　于异域耶然　而将欲复其

节不渝今者 穷而来依甚 足嗟悯安可

有功于国　家勋藏王室　继以姻戚臣

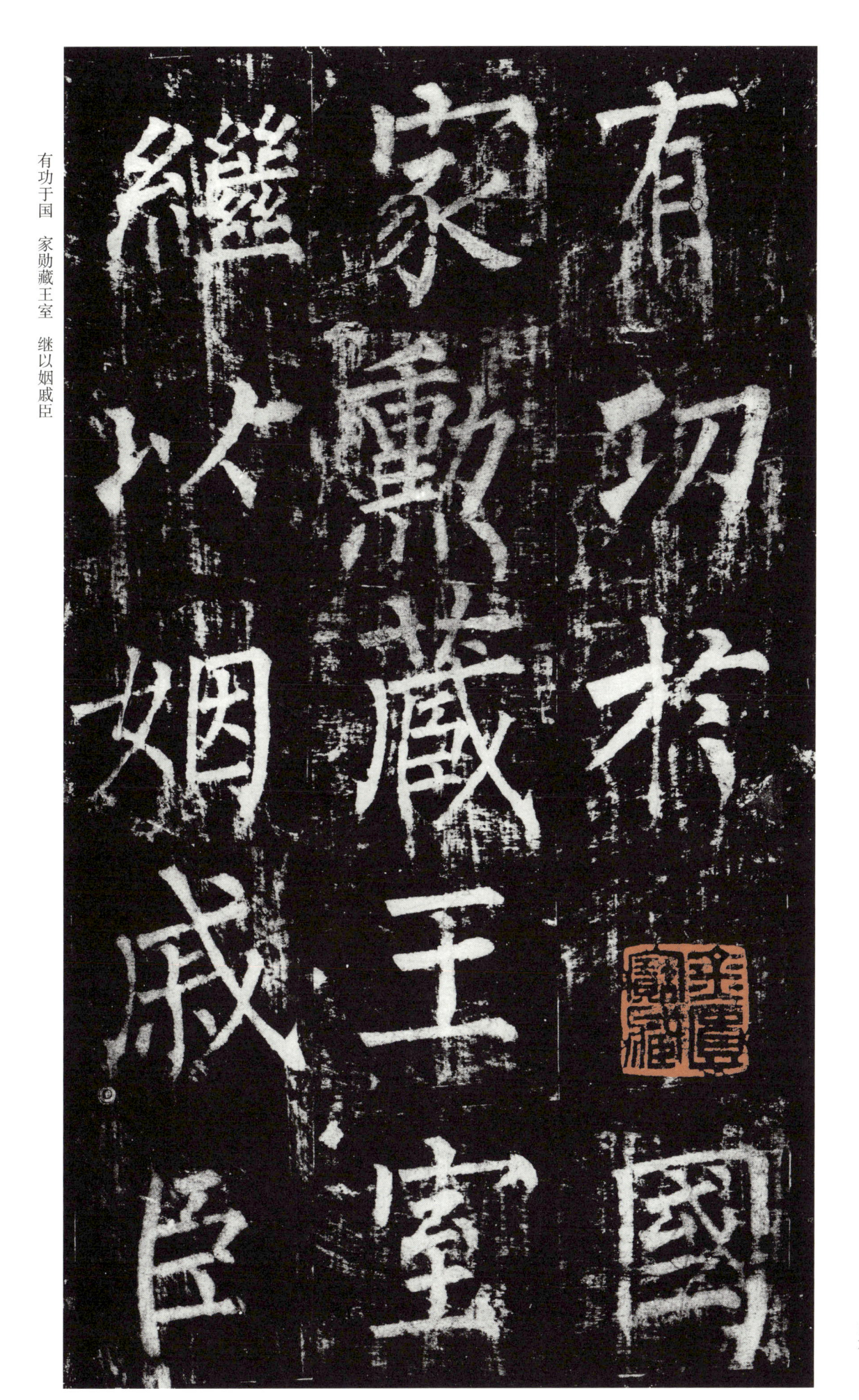

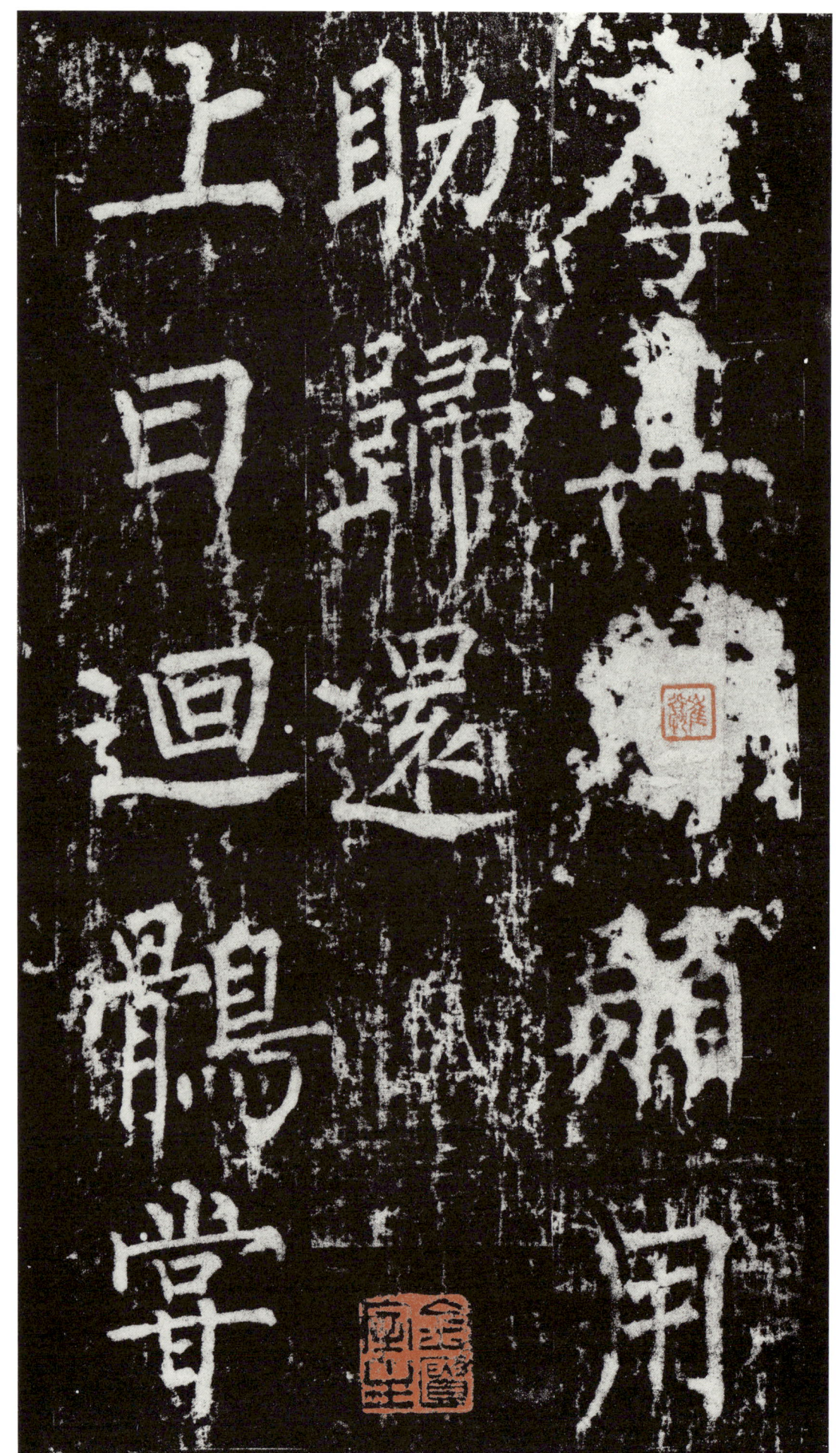

厚其□□用 助归还 上日回鹘尝

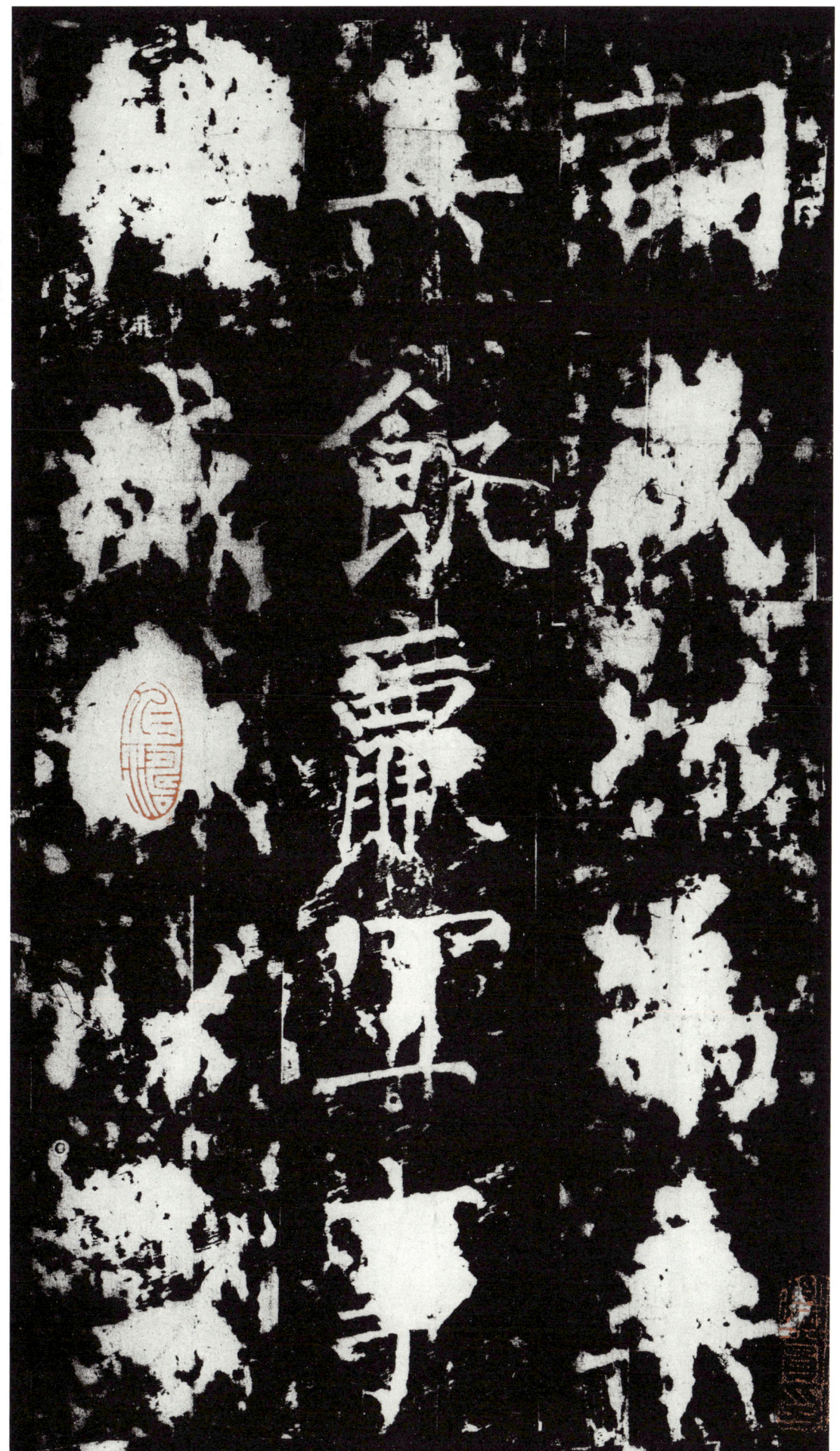

词或以为乘　其饥赢宜事　□灭或以为

之甫宁思欲 追踪太古之 邈风缅慕前

之宝斯著□　惟荷祖宗之　丕构属寰宇

阶茅屋则大　之美是崇抵
　　　　　　璧捐金不贪

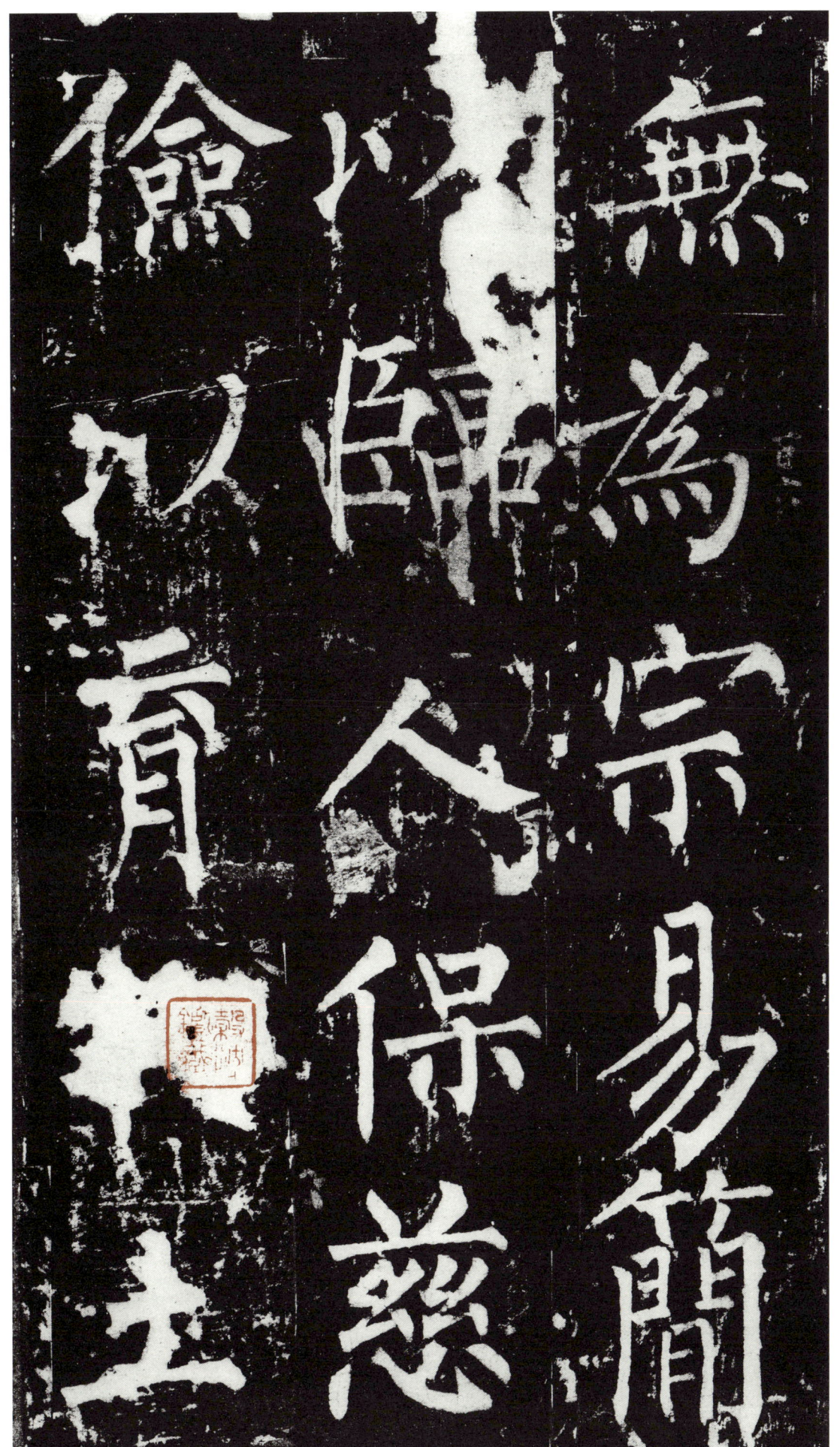

无为宗易简 以临人保慈 俭以育物土

之君何常不 满招损谦受 益崇太素乐

思退而谓群 臣曰历观三 五已降致理

尽以为遭逢 尧年舜日矣 皇帝惕然自

俗莫不解辮　蹶角蹈德咏　仁抃舞康庄

走而来庭搢　绅带鹬之伦　□□□鬈之

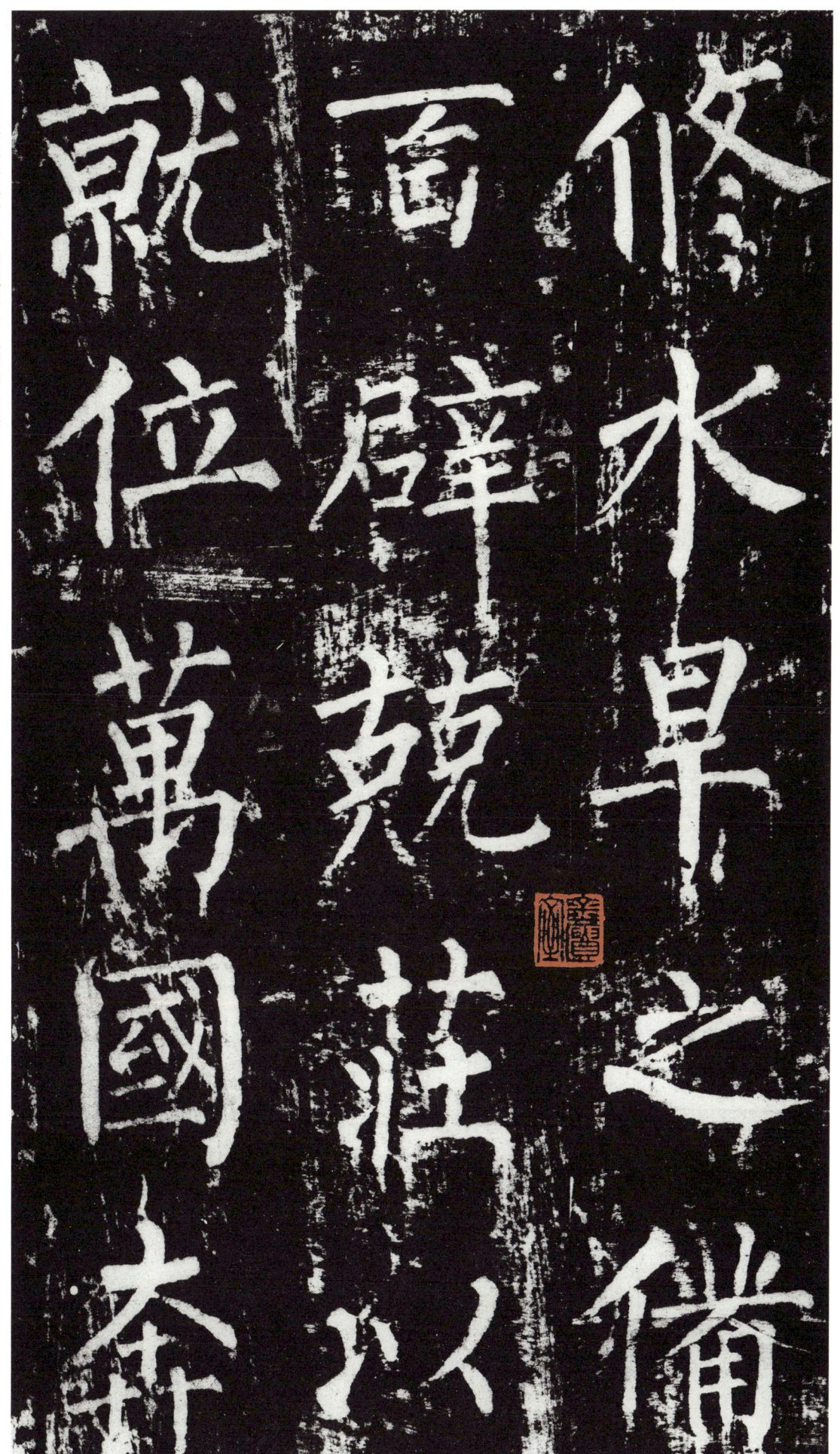

修水旱之备　百辟兢庄以　就位万国奔

否于群吏问 疾苦于蒸人 绝兼并之流

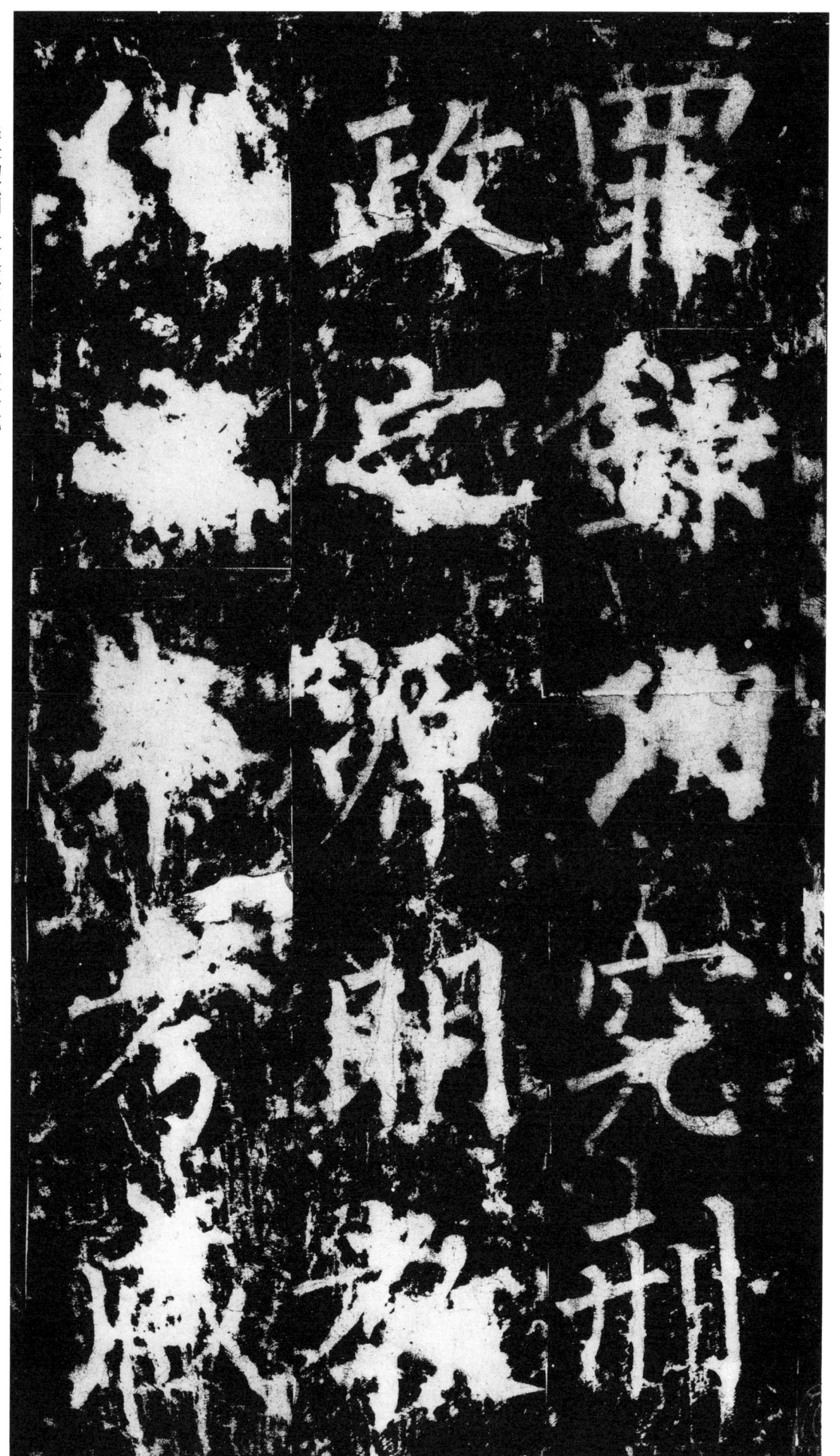

罪录功究刑　政之源明教　化之本考藏

骑还宫临端 门敷大号 行庆颁赏宥

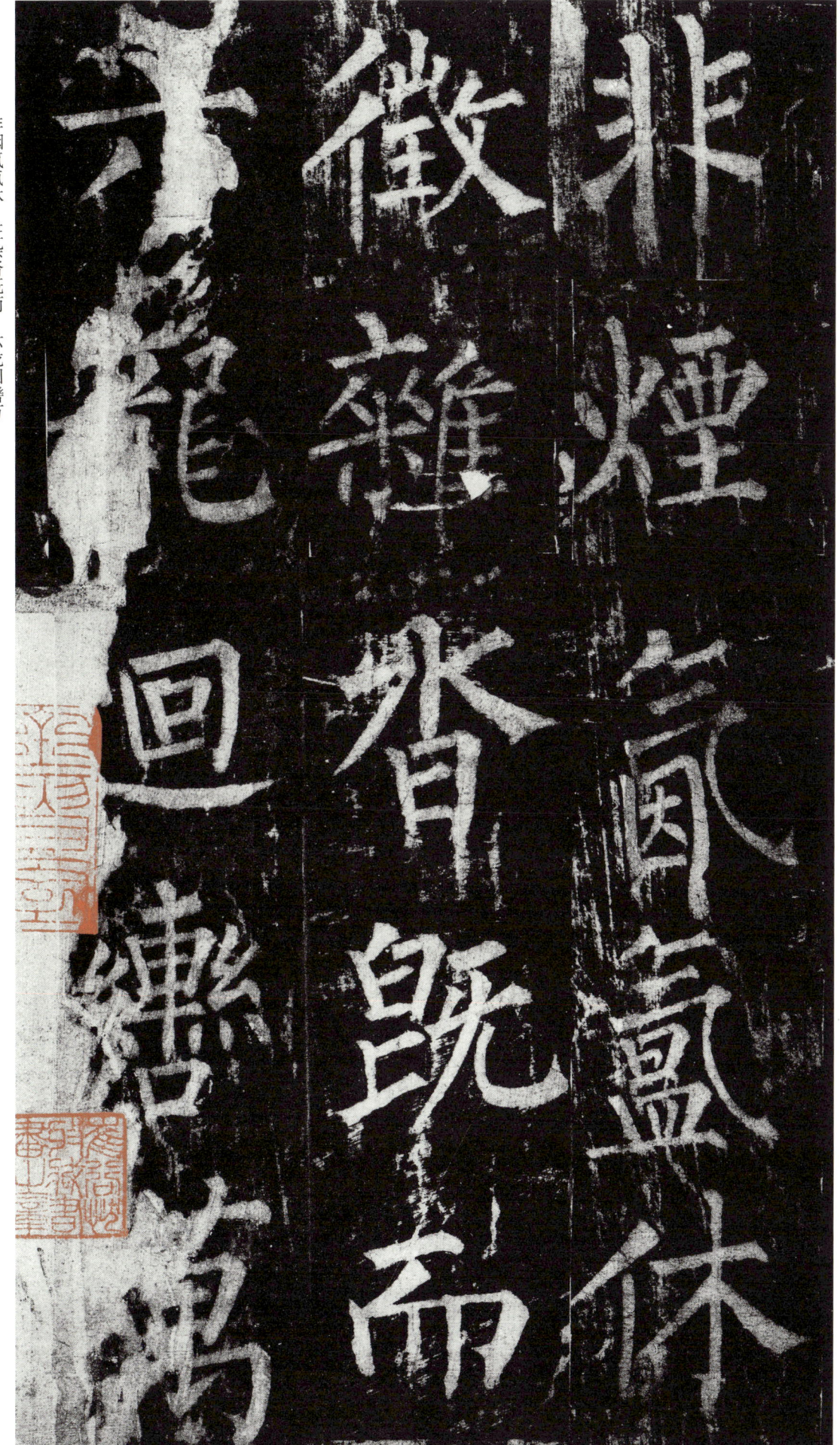

非烟氲氲休　征杂沓既而　六龙回缰万

则雪清禁 道泰坛紫燎 则气霁寒郊

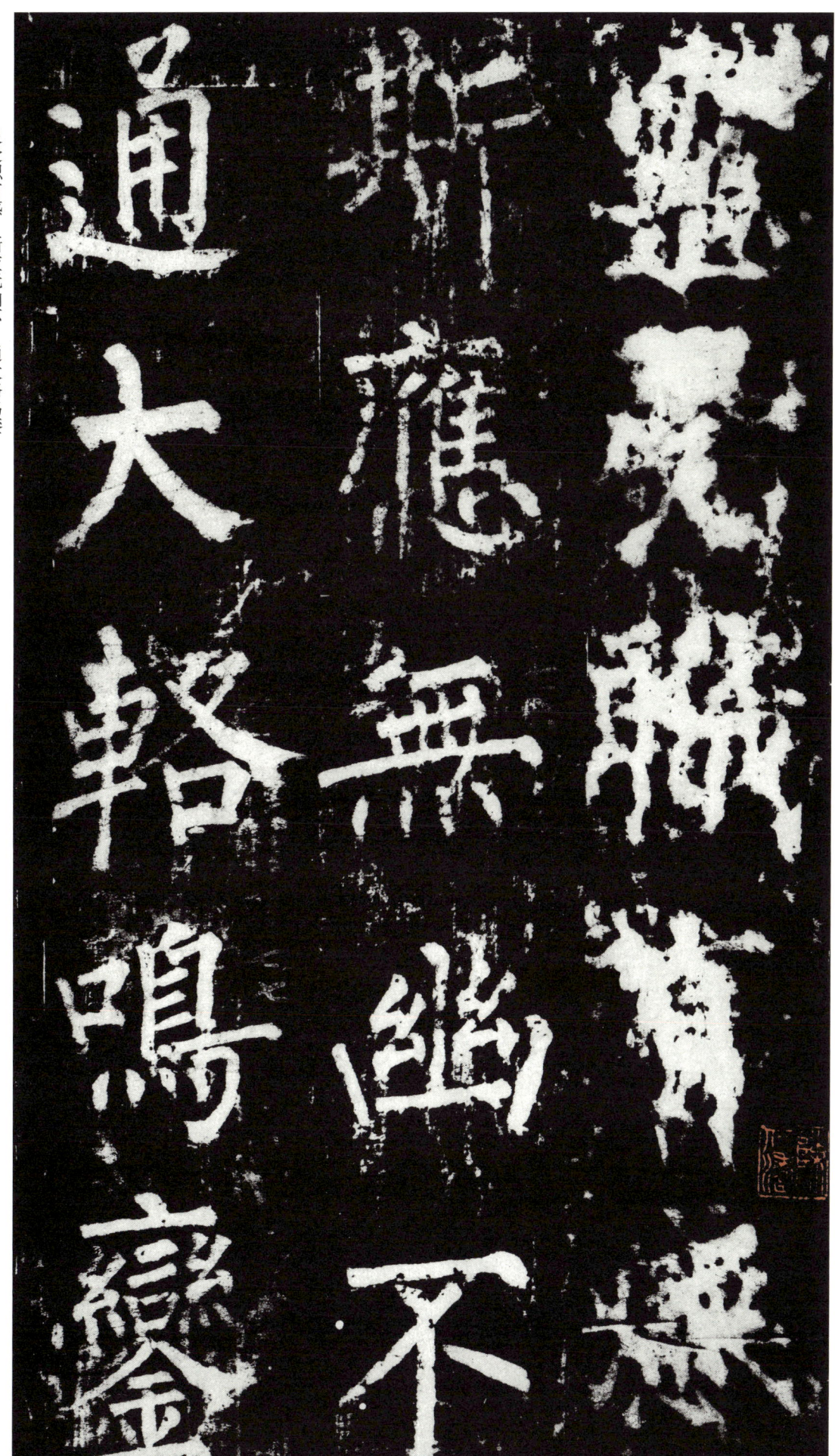

灵受职有感　斯应无幽不　通大辂鸣銮

盥荐斋□□　拜恭寅故得　二仪垂□百

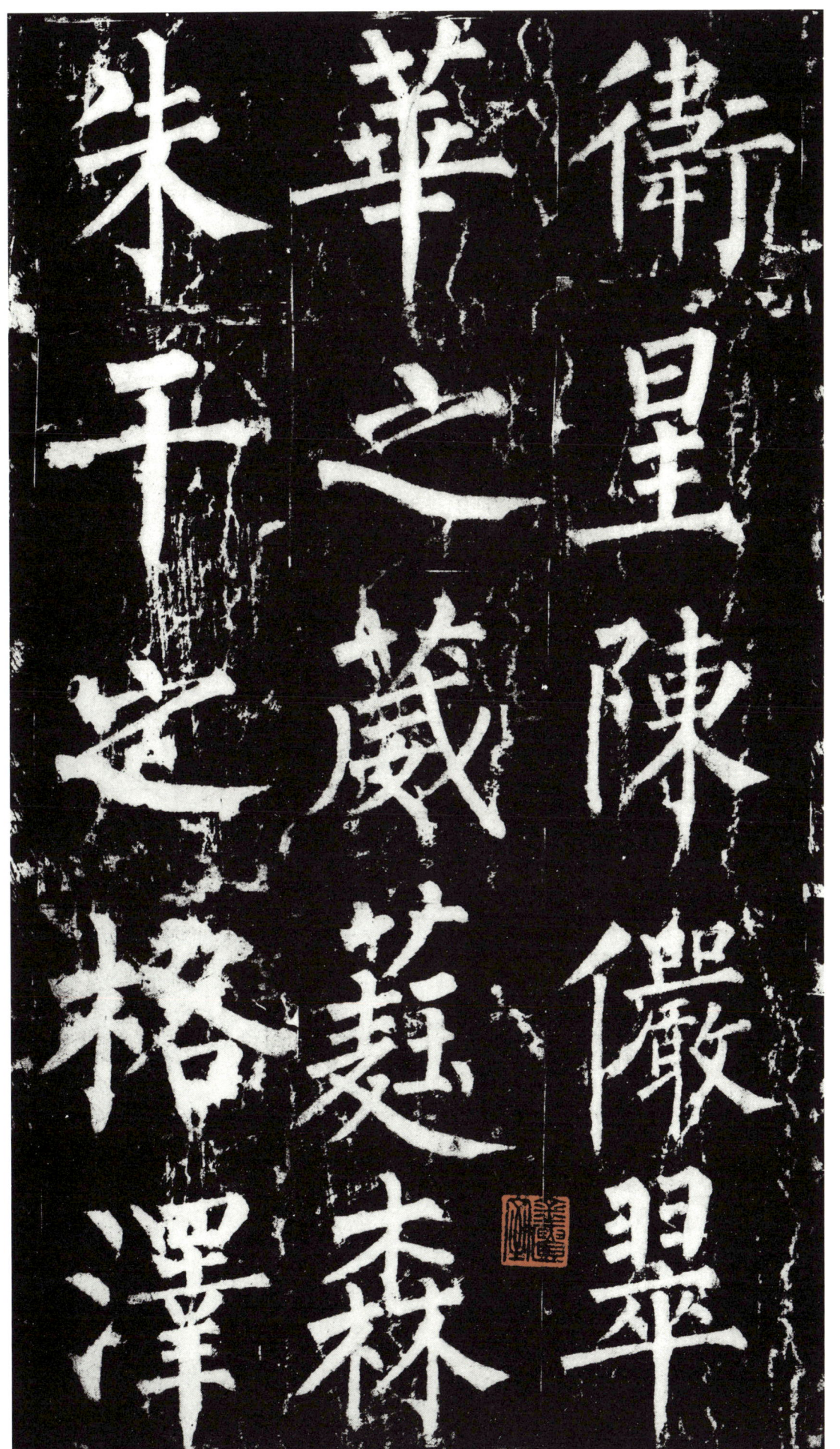

卫星陈俨翠　华之葳蕤森　朱干之格泽

于圆丘展 帝容备法驾 组练云布羽

玄元谒清庙爰申报本之义遂有事

声教溢于无
垠粤以明年
正月享之

年谷顺成灾　沴不作惠　泽□于有截

陶陶然不知其俗之臻于富寿矣是以

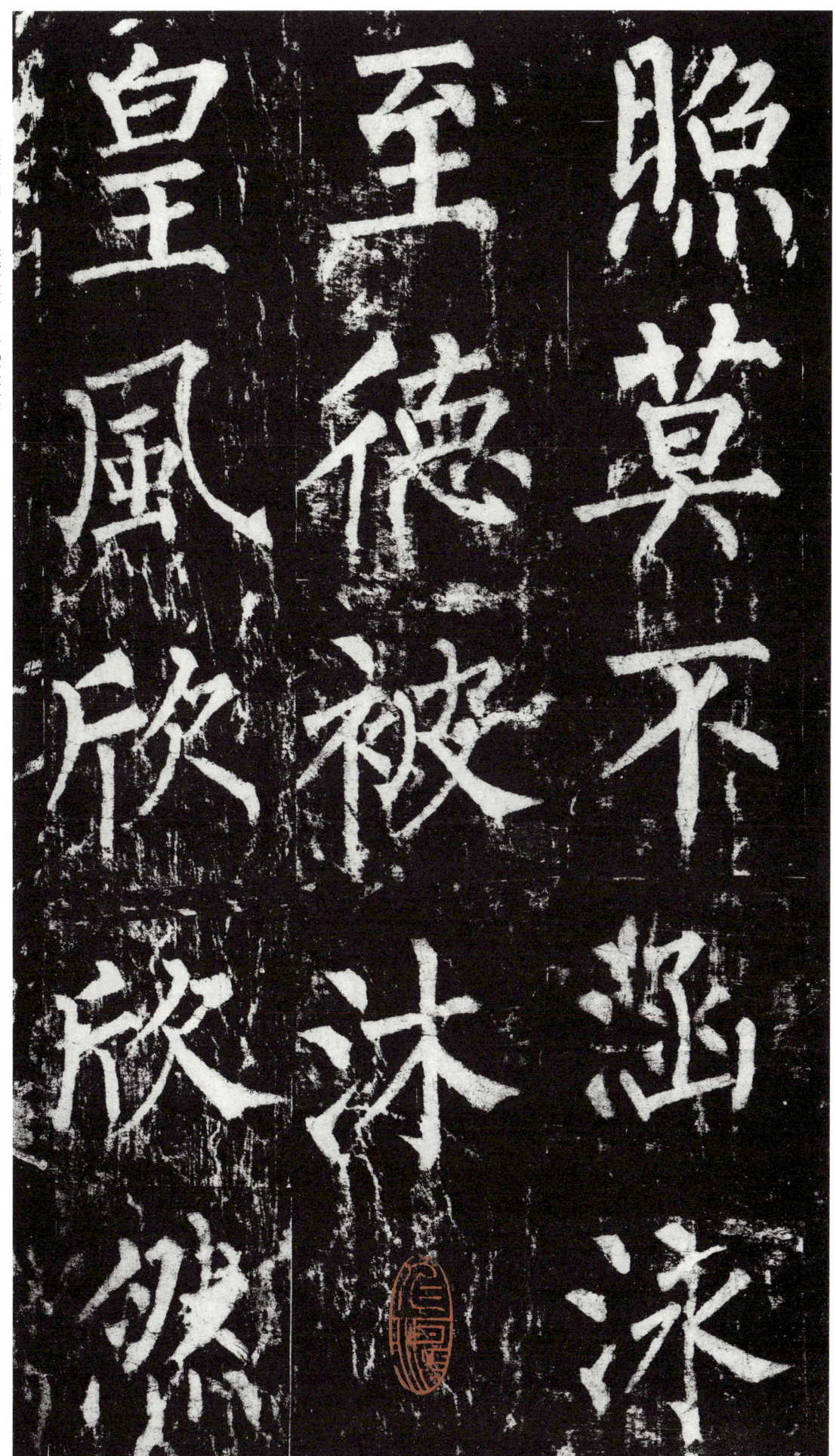

照莫不涵泳　至德被沐　皇风欣欣然

九族咸秩无文舟车之所通日月之所

以轸平黎元　发挥典□兴　起□□敦□

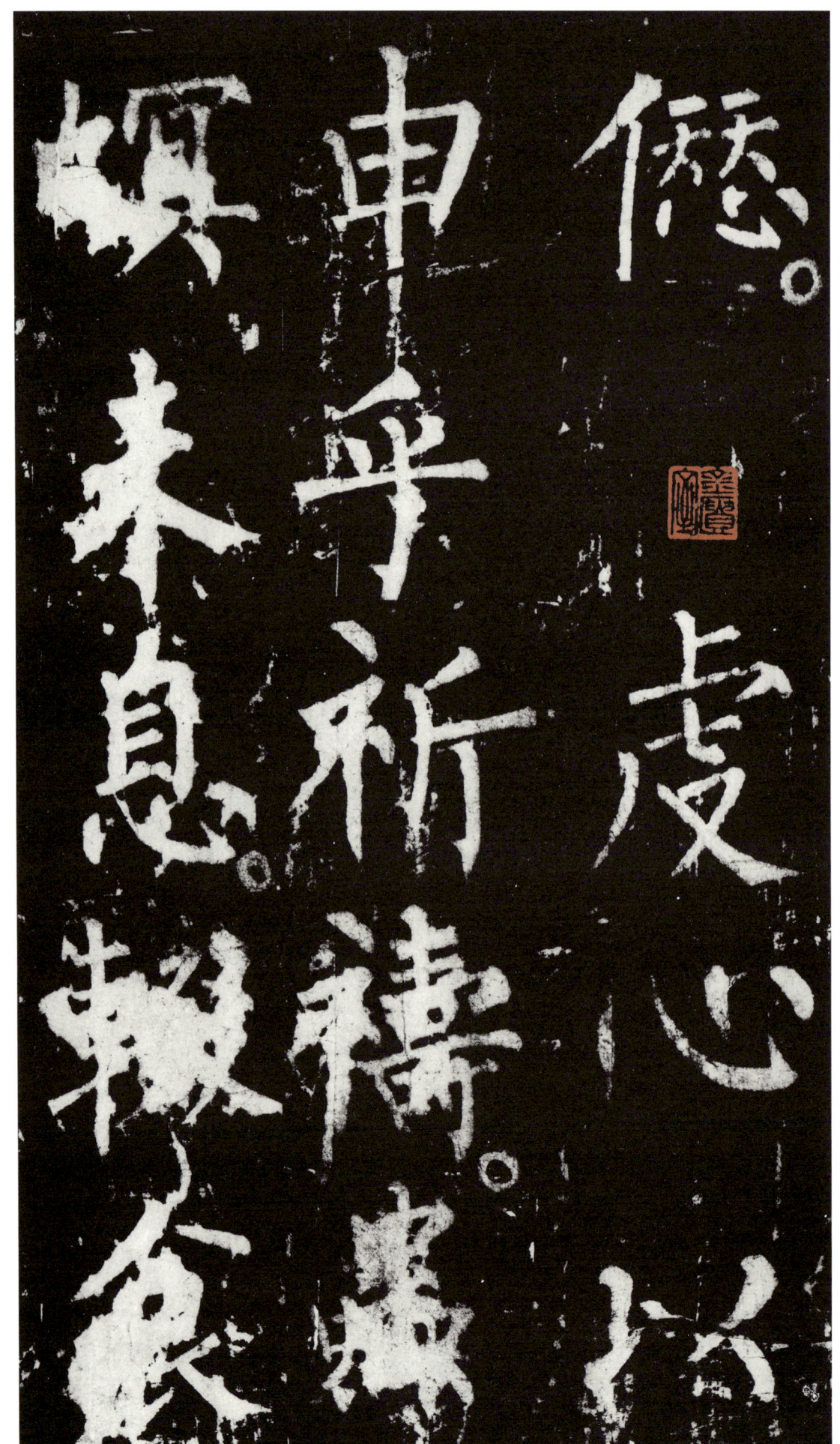

愸虔心以 申乎祈祷虫
螟未息辍食

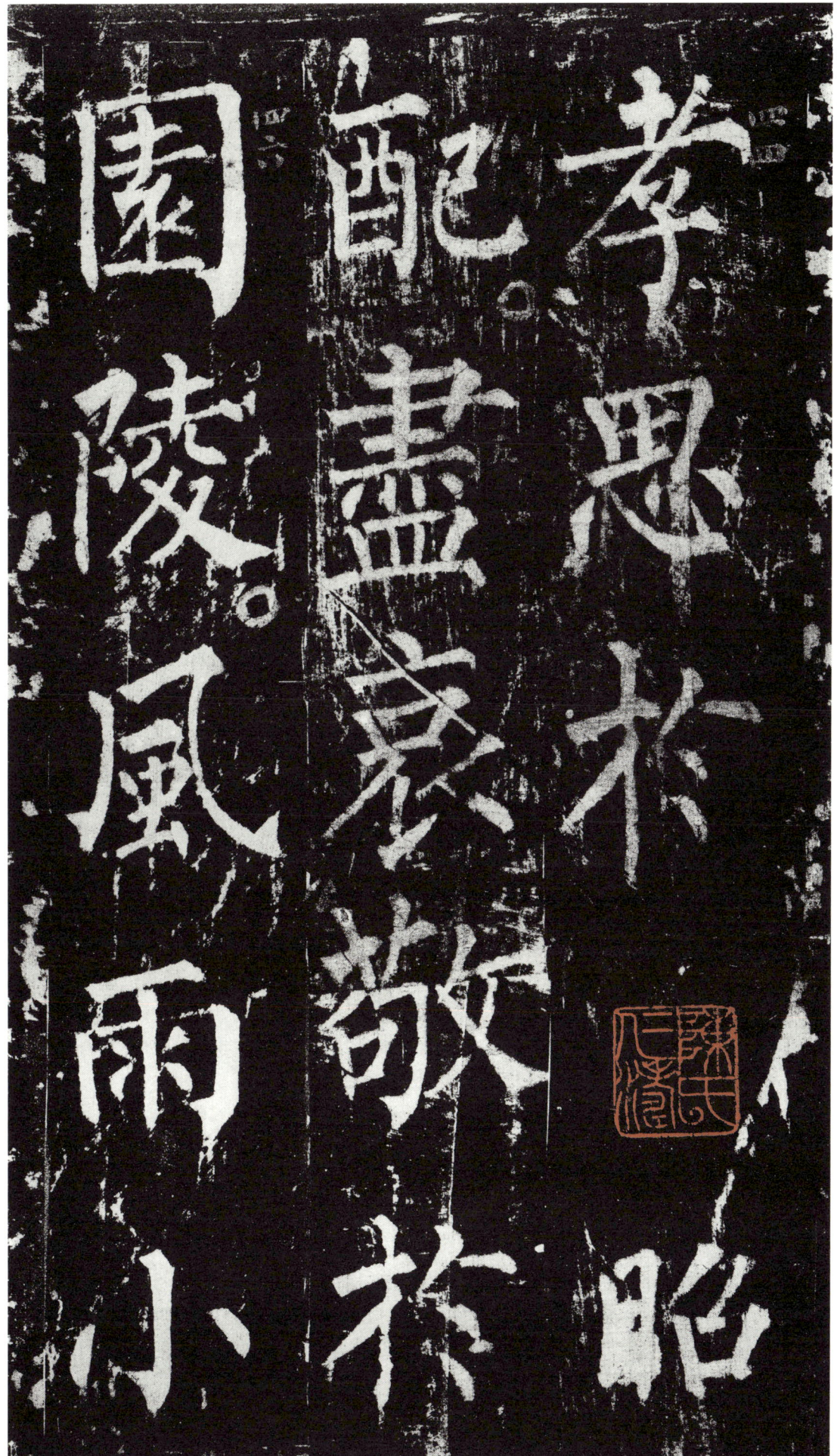

孝思于昭　配尽哀敬于　园陵风雨小

汇序劝贤能 祇畏劳谦动 遵法度竭

神祇□怀□　□□初惟新　霈泽昭苏品

以调四时抚 璇玑而齐七 政蛮貊率俾

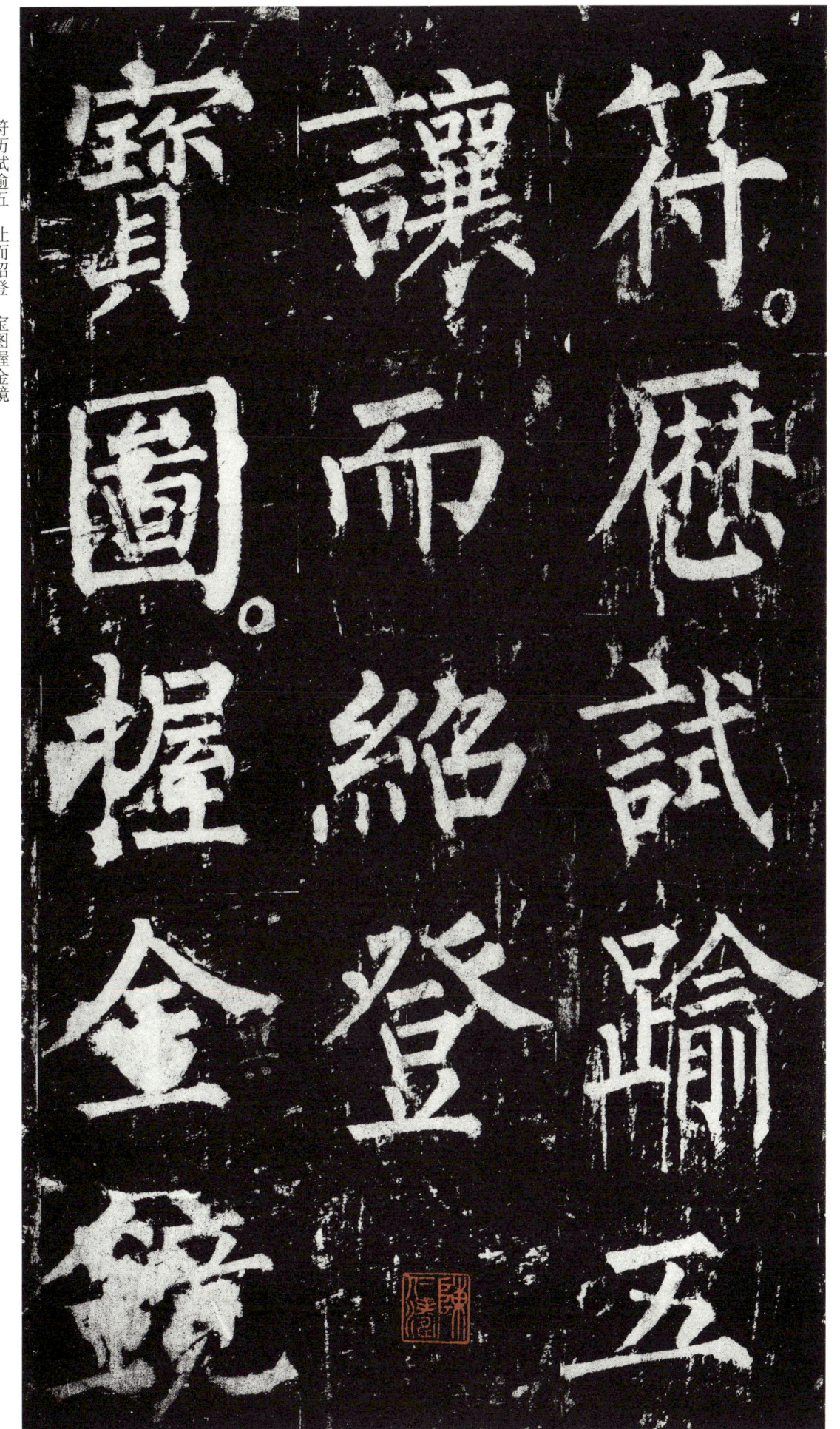

符历试逾五,让而绍登宝图。握金镜

地之昌期集 讴歌于颍邸 由至公而光

神大孝皇帝　温恭浚哲齐　圣广泉会天

十五叶运属 中兴 仁圣文武至

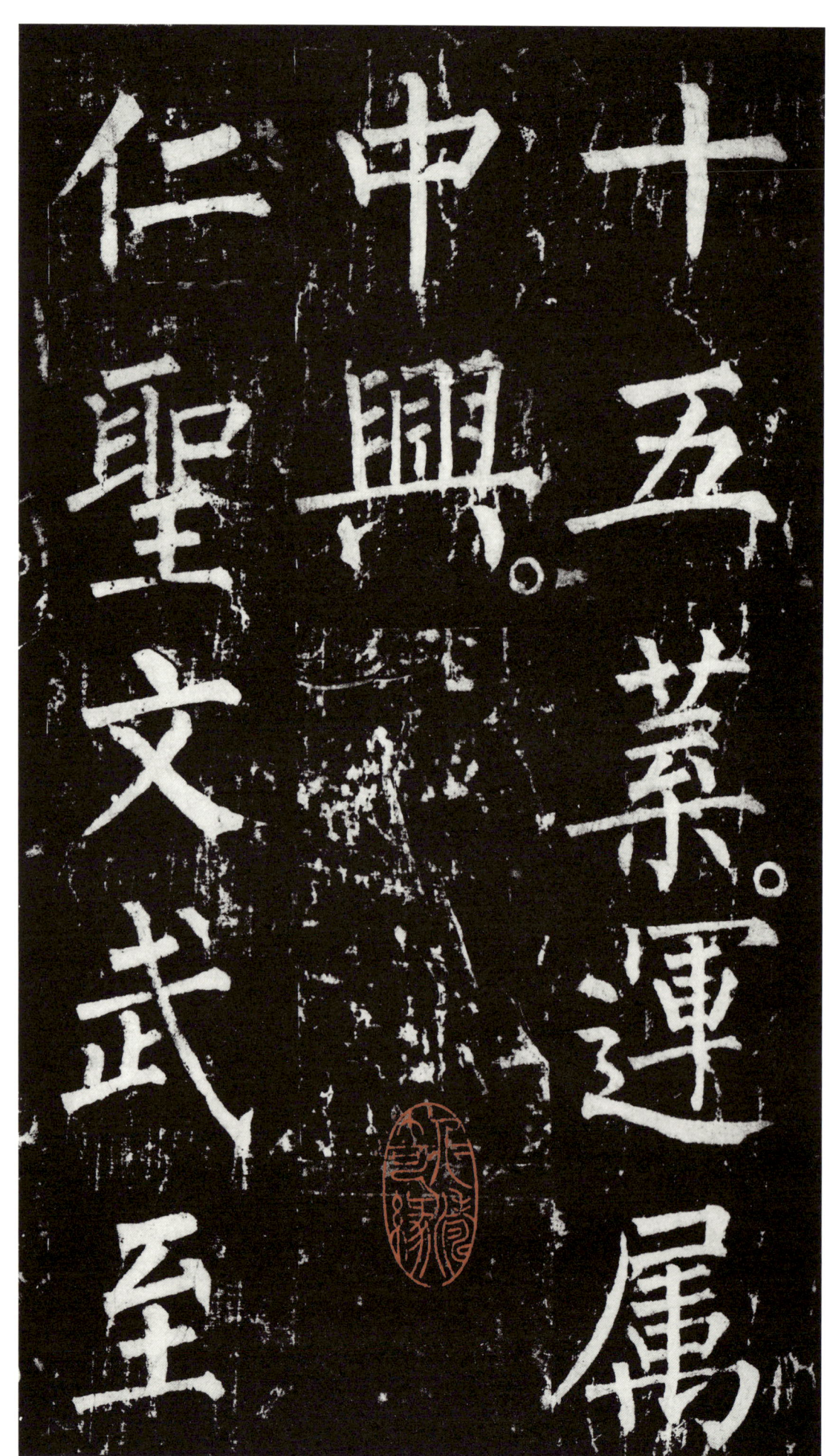

卅五叶。运属中兴。仁圣文武至

餘載　列聖相承重　熙累洽逮于

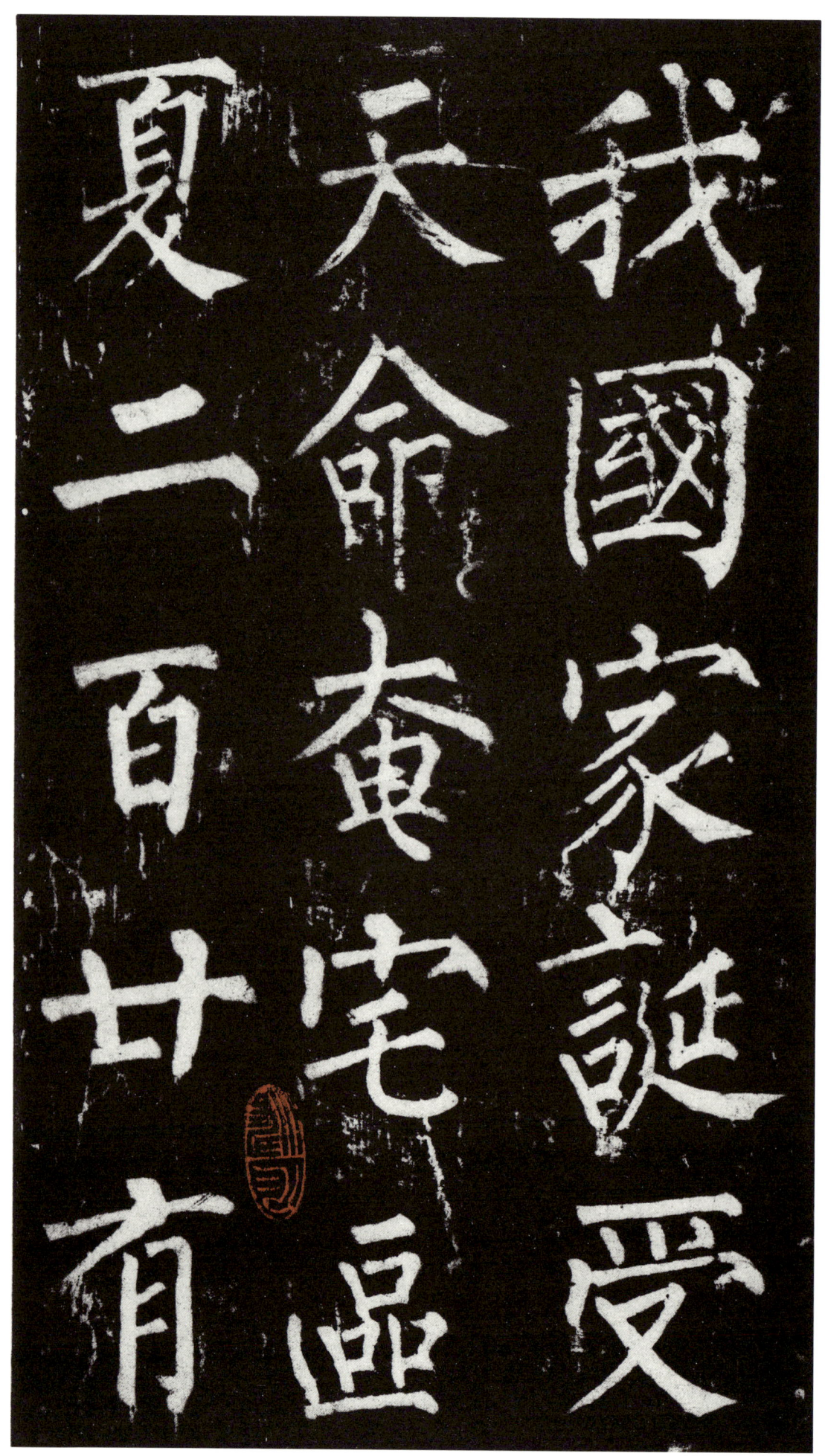

我国家诞受 天命奄宅区 夏二百廿有

奉敕书 集贤直院官朝议 郎守衡州长史上 柱国臣徐方平奉 （敕篆额）

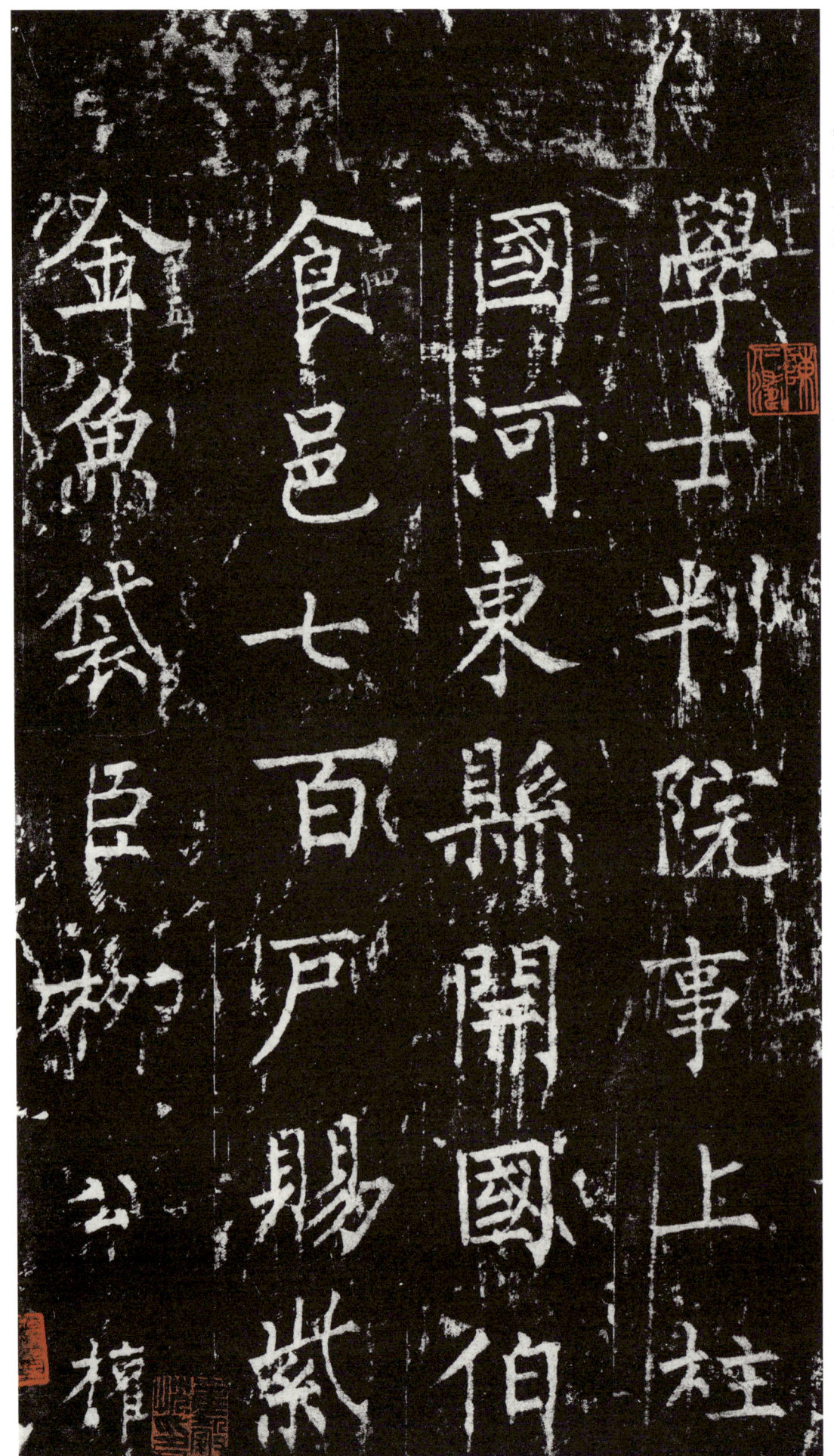

学士判院事上柱国河东县开国伯食邑七百户赐紫金鱼袋臣柳公权

鱼袋臣崔铉奉　敕撰　正议大夫守右散　骑常侍充集贤殿

鱼袋臣崔铉奉
敕撰
正议大夫守右散
骑常侍充集贤殿

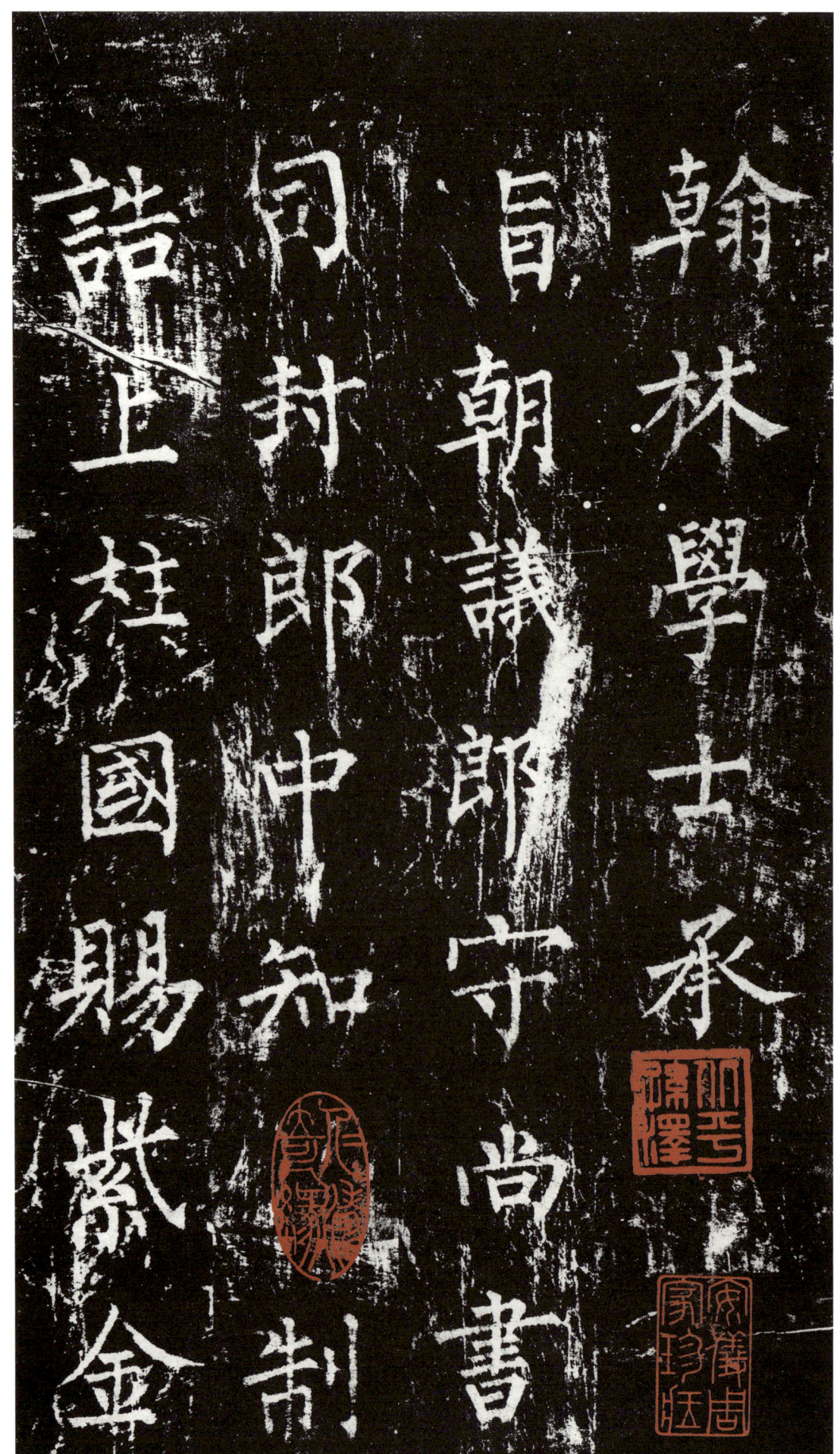

翰林学士承旨朝议郎守尚书 司封郎中知制诰上柱国赐紫金

皇帝巡幸左 神策军纪圣 德碑并序

皇帝巡幸左
神策軍紀聖
德碑并序

《柳公权神策军碑》简介

柳公权生于唐大历十三年（七七八），卒于唐咸通六年（八六五）。字诚悬，京兆华原（今陕西耀县）人。他生平留心经术，尤精于《诗》《书》《左氏春秋》《国语》《庄子》等。元和初年二十九岁时即擢进士第，至文宗时迁中书舍人，充翰林书诏学士，并经常与文宗讨论书法。柳公权初学王羲之书，又遍阅当代笔法，增损取舍，而自成一家。他曾学颜真卿的楷书，但他将颜字丰肥的笔画改造成清劲挺拔的笔画，正如苏轼所谓：『柳少师本出于颜，而能自出新意，一字百金，非虚语也。』

本册《神策军碑》是柳公权楷书代表作，全称《皇帝巡幸左神策军纪圣德碑》。崔铉撰文，柳公权书。唐会昌三年（八四三）立。原石久佚，传世仅宋贾似道旧藏本上半册。明清时经朱枫、梁清标、安岐等诸藏家递藏，现藏国家图书馆。此碑乃柳公权晚年作品，精练苍劲，风神整峻。因碑在驻军禁地，不能任意椎拓，故笔画完好，锋棱如新。

《全本对照——经典碑帖临写辅导》丛书 编委会

主编
王立翔

编委（按姓氏笔画排序）
李剑锋　吴志国
张　青　张恒烟
沈　浩　沈　菊
程　峰

教育部书法教材推荐碑帖范本

柳公权神策军碑